Et si on consommait mieux

Enrique Martinez
avec Corinne Scemama

Et si on consommait mieux

Éditions de
L'Observatoire

ISBN : 979-10-329-3111-0
Dépôt légal : 2024, avril

170 *bis*, boulevard du Montparnasse, 75014 Paris

À ma famille.
Aux hommes et aux femmes
qui font Fnac-Darty au quotidien.

« Vous devez rêver pour pouvoir vous lever le matin. »

Billy Wilder,
réalisateur de cinéma et génie

« Le chemin peut sembler ardu pour la majorité des êtres humains. Mais comme nous sommes de plus en plus nombreux à devenir neutres en carbone et à changer nos modes de vie afin de faire partie de la solution plutôt que du problème, nous commençons aujourd'hui à entrevoir les changements politiques qui nous sont nécessaires. »

Al Gore,
ancien vice-président des États-Unis,
An Inconvenient Truth

Introduction

Écrire un livre sur la consommation durable ? L'idée me trotte dans la tête depuis longtemps. La démarche peut sembler surprenante de la part d'un commerçant censé vendre le plus d'articles possible au plus grand nombre. Je pense au contraire que nous sommes les mieux placés pour répondre aux interrogations des Français et pour inventer de nouvelles façons de consommer mieux, de consommer autrement. Directeur général d'un groupe européen qui emploie 25 000 salariés et compte 40 millions de clients à travers le monde, je souhaite participer au changement qui s'annonce et s'accélère. Fnac et Darty ont révolutionné la vie des consommateurs et les accompagnent depuis soixante-dix ans. Aujourd'hui, j'estime que les deux enseignes mythiques doivent mener le combat en faveur d'un nouveau modèle écologique et vertueux. Je désire prendre la tête de ce mouvement afin de me montrer digne de ces visionnaires qui ont créé ces entreprises pas comme les autres.

J'ai vécu un moment fondateur de mon engagement écologique lors de ma rencontre en 2007 avec Al Gore, l'ancien vice-président des États-Unis. C'était six mois avant qu'il ne reçoive le prix Nobel de la paix au côté du GIEC (Groupe d'experts intergouvernemental sur l'évolution du climat) pour leur rôle dans l'information sur le changement climatique. Il était venu présenter son documentaire, *Une vérité qui dérange*, à la Fnac de Lisbonne. Je garde le souvenir d'un personnage charismatique, prêt à se battre pour alerter le monde sur les risques liés à nos modes de vie. J'ai pris conscience ce jour-là de la nécessité à agir. J'étais d'autant plus sensible à ses arguments que je viens d'un pays, l'Espagne, qui subit depuis quelques années déjà les effets dévastateurs des phénomènes extrêmes provoqués par le dérèglement climatique comme la canicule, la sécheresse, les pluies violentes et les incendies. Depuis cet éveil écologique, je me sens davantage concerné par la rapidité du changement. Père de quatre enfants, je me demande quelle planète nous allons laisser aux générations futures. Nous sommes allés trop loin en gaspillant nos ressources sans compter.

Aujourd'hui, je veux m'adresser aux Français et au-delà à travers cet ouvrage et leur demander de m'accompagner dans cette quête vertueuse. Nous sommes arrivés à un moment charnière, où le temps de l'abondance et de l'insouciance est derrière nous. Un temps où les conséquences du changement climatique ne relèvent plus d'un futur lointain ou hypothétique, mais se manifestent d'ores et déjà dans notre quotidien. C'est pourquoi j'ai décidé de me lancer avec beaucoup de détermination dans le combat pour la consommation durable. Je suis convaincu que c'est aux commerçants de s'emparer des problèmes sociétaux qui secouent ce début de siècle. Nous pourrions être un puissant catalyseur de la transition écologique. L'avènement de la consommation de masse pendant les Trente Glorieuses, période de développement tous azimuts entre 1945 et 1973, porte une responsabilité majeure dans l'épuisement des ressources. En 2024, nous ne pouvons plus continuer à cautionner les achats compulsifs, encouragés par le modèle économique du « tout-jetable ». Le commerce fait partie à la fois du problème et de la solution. Le secteur global des services incluant la consommation pèse en effet pour plus de 50 % du PIB en France, en forte croissance ces dernières décennies comme dans la plupart des pays occidentaux. C'est donc à nous d'inciter les Français à consommer autrement.

Le commerçant est celui qui fait le lien entre l'industriel et le consommateur. Nous jouons un rôle essentiel. Patron espagnol d'un groupe français, je viens de fêter mes vingt-cinq ans au sein de la Fnac. J'ai débarqué dans le secteur de la distribution culturelle presque par hasard. J'avais une vingtaine d'années, je passais mon temps entre mes études d'économie et mes entraînements au basket. C'est à la faveur d'un job d'été chez Toys “R” Us, l'enseigne américaine de jouets, que j'ai fait pour la première fois l'expérience de la vente. J'ai tout de suite su que c'était ma vocation. Ce qui m'a le plus séduit dans ce métier, c'est l'opportunité d'animer des équipes et de les stimuler afin qu'elles donnent le meilleur d'elles-mêmes. La force du collectif m'a toujours fasciné : le travail en commun permet d'accomplir de grands projets. Lorsque la Fnac s'est installée au Portugal, en 1998, j'ai été choisi pour y développer la nouvelle filiale et préparer l'avenir. J'ai tout de suite adhéré aux valeurs de l'enseigne, installée à Madrid depuis 1992. Nous vivions alors une période exceptionnelle, six ans après l'entrée de l'Espagne et du Portugal dans la Communauté européenne et l'adhésion à l'euro. Nos premiers magasins venaient d'ouvrir dans l'enthousiasme général. L'engouement était tel qu'au début nous n'arrivions pas à satisfaire toutes les demandes des clients. Le Portugal était en plein boom économique et les consommateurs baignaient dans une douce euphorie. La Fnac a surgi avec un nouveau concept permettant un accès direct à la culture, à la liberté et à la diversité, à travers des produits uniques et des spécialistes engagés dispensant leurs conseils en magasin. J'ai finalement été appelé à Paris en 2012 pour diriger la Fnac France. Parmi les grandes missions qui m'ont été confiées à l'époque, j'ai notamment œuvré pour l'intégration de Darty dans le groupe en 2016. Un an plus tard, je suis devenu directeur général de Fnac-Darty. Une belle aventure commençait.

L'univers de la Fnac, c'est tout ce que j'aime. Je suis passionné de littérature, de musique, de cinéma et de photo. Geek, je m'intéresse également à la technologie. La Fnac possède une culture d'entreprise très forte. Dès sa création, les fondateurs ont su lui donner une personnalité fondée sur la rupture, l'innovation et l'écoute des clients. Grâce à ces principes, révolutionnaires à l'époque, nous avons acquis une place à part dans le paysage commercial français et européen. Je suis convaincu qu'il faut fédérer toutes les bonnes volontés pour porter les valeurs de la consommation durable. Intimement liés à l'évolution récente de la société française, nous ne pouvons pas nous contenter de rester sur le même modèle sans essayer de le transformer. À l'origine, les combats de la Fnac concernaient l'accès à la technologie, à la culture, à la liberté d'expression, à l'indépendance, sans compter la diversité et la tolérance. Aujourd'hui, notre mission est de guider nos compatriotes vers une consommation plus écologique et plus engagée.

Mon idée n'est pas d'écrire un livre d'histoire mais d'apporter des solutions concrètes pour réussir à changer la société. Je désire partager ma vision optimiste de l'avenir avec tous les Français. J'invite également les entreprises dirigées par des patrons conscients des enjeux écologiques et des vertus de la consommation durable à nous rejoindre. Si nous ne faisons rien, notre génération sera impardonnable. C'est à nous de prendre des risques et de faire preuve d'audace.

1

L'ivresse de l'hyperconsommation

Nous revenons de loin. Depuis les années 1950, la société de consommation s'est imposée, d'abord enthousiasmante, puis mère de tous les excès. Après le choc et la dévastation de la guerre 1939-1945, les lendemains ont commencé à chanter. C'était le début des Trente Glorieuses, avec l'explosion de la croissance mondiale, le développement de la technologie et l'accès du plus grand nombre aux biens de consommation. À l'image de l'*American Dream*, véhiculant l'image de la femme au foyer épanouie dans sa cuisine, entourée de ses robots ménagers, les Français ont eux aussi commencé à profiter des progrès techniques et à s'offrir des appareils électroménagers, des téléviseurs et tous les objets permettant d'améliorer le quotidien et de déléguer les tâches fastidieuses. La consommation à la portée de tous s'est accompagnée d'une élévation du niveau de vie, avec un accès à l'éducation, à la santé et à la culture. Puissant, ce mouvement s'est rapidement répandu partout en Europe et aux États-Unis. La demande, pressante, a dopé la croissance. Un cercle alors vertueux.

Mais l'offre est vite devenue insuffisante pour satisfaire tout le monde. Pris dans le tourbillon d'une consommation de plus en plus débridée, les industriels se sont tournés vers les grandes zones de production notamment en Asie et plus particulièrement en Chine. C'était le début de la globalisation. Les usines du monde ont commencé à fabriquer des produits destinés aux pays occidentaux, avec une stratégie axée sur les gros volumes et les prix bas. Je ne critique pas ce choix : il a permis aux consommateurs de bénéficier de produits plus abordables et d'éviter que seuls les privilégiés aient droit au progrès. C'était alors une vraie logique de développement humain. À l'époque, tout le monde pensait que les ressources étaient illimitées et que le bonheur passait par la consommation.

Les années bling-bling

Mais le système s'est très vite emballé. Les industriels se sont mis à produire – et surproduire – des objets de moindre qualité. Cette explosion de l'offre a provoqué un phénomène de surconsommation. Industriels et commerçants, nous avons tous une part de responsabilité dans cette spirale inflationniste. Nous avons créé le désir et offert les objets que les consommateurs convoitaient, en nous lançant dans la course au moins cher. Les cycles se sont raccourcis. Avec à la clé des achats d'impulsion, voire de compulsion. Les jeunes se sont mis à dévaliser les rayons des rois de la *fast fashion* comme Shein pour s'offrir deux, trois ou cinq tee-shirts à 5 ou 7 euros pièce. Un vrai gâchis : la durée de vie de ce type de vêtements, portés seulement trois ou quatre fois en tout, ne dépasse pas trente-cinq jours. Puis les coups de cœur du moment sont rangés dans les placards et oubliés. Un pousse-au-crime dénoncé par Alain Souchon dans sa célèbre chanson *Foule sentimentale* : « On nous fait croire que le bonheur c'est d'avoir, de l'avoir plein nos armoires, dérision de nous dérisoire. »

Ce constat a mis du temps à s'imposer aux consommateurs malgré des effets pervers évidents. « L'âge de l'hyperconsommation crée des besoins illimités et peut générer chez certains un état d'insatisfaction permanente », écrivait Gilles Lipovetsky dans *Le Bonheur paradoxal. Essai sur la société de l'hyperconsommation*. Pour le sociologue, « cette révolution est inséparable des nouvelles orientations du capitalisme, engagée dans la voie de la stimulation perpétuelle de la demande, de la marchandisation et de la multiplication infinie des besoins ». La course effrénée s'est accélérée tout au long des années 1980, la décennie la plus bling-bling du XXe siècle, avec une quête d'objets ostentatoires, symboles d'une réussite éclatante. Puis le mouvement s'est poursuivi de longues décennies sans jamais susciter de réelles remises en question. Dans les années 2000, le publicitaire Jacques Séguéla ne déclarait-il pas sans la moindre ironie : « Si à 50 ans, tu n'as pas de Rolex, c'est que tu as raté ta vie » ?

La civilisation de l'instantané

L'avènement du numérique, avec le développement d'Internet, n'a pas arrêté la course effrénée à la consommation ni aidé à la prise de conscience. Au contraire. Dans son dernier ouvrage, *Homo numericus*, l'économiste Daniel Cohen décrit parfaitement la société dans laquelle nous vivons depuis la révolution numérique : « Elle est passée en peu de temps d'une référence verticale marquée par le divin à une horizontalité, caractérisée par un manque de repères, un sentiment d'abandon sur fond de règne des réseaux sociaux. L'hyperconsommation vient combler le vide », analyse-t-il. Pour faire face à cette insatisfaction existentielle, de nouveaux objets de désir et de communication ont émergé : les téléphones portables, les ordinateurs, les iPad ou les casques connectés ont remplacé avantageusement les montres, les bijoux et les voitures de sport pour afficher son statut social. Aujourd'hui, l'aune de la réussite se mesure dans la possession de produits technologiquement avancés. Internet a rendu possible et accessible une offre foisonnante de millions de références de produits plus ou moins utiles, plus ou moins de qualité, qui a séduit les acheteurs. L'hyperchoix tue-t-il le choix ? Incite-t-il à consommer encore davantage ? Perturbe-t-il les consommateurs ? Jusqu'ici, c'était le rôle des distributeurs de les conseiller et les aider à séparer le bon grain de l'ivraie. Nous étions utiles. Aujourd'hui, encouragés dans leur recherche éperdue des achats plaisir, les internautes ne prennent plus la peine de réfléchir avant de s'engager. Ils y sont encouragés par les sites marchands opportunistes : la plupart d'entre eux proposent une livraison expresse en moins de vingt-quatre heures et la reprise immédiate des objets nouvellement acquis, qui ne conviennent finalement plus à l'acquéreur. Dans la foulée, ils en reçoivent le plus souvent un autre qu'ils pourront renvoyer à son tour ! Cette dédramatisation de l'acte d'achat a perverti nos habitudes. Le phénomène nous a submergés.

Un début de prise de conscience

La civilisation du tout-jetable dans laquelle nous nous sommes plongés avec délice a fait fi de la protection de la planète. À peine nous sommes-nous inquiétés lors de la crise du pétrole, craignant d'abord pour sa disparition avant de découvrir que nous en avions encore pour une cinquantaine d'années ! La société s'est structurée autour de l'idée que la surconsommation aidait au développement du monde, sans imaginer une seconde que les ressources puissent un jour être limitées. Nous avons donc observé sans rien faire la montée des températures, la déforestation en Amazonie et tous les autres drames environnementaux. Il n'était alors pas question de changer nos modes de vie.

Cependant, la prise de conscience des folies du passé a commencé peu à peu à traverser la société française, l'Europe et la plupart des pays occidentaux. Une sorte de réveil après plus de soixante-dix ans d'ivresse partagée. Le temps de réaliser que l'hyperconsommation avait fortement contribué au désastre écologique. On le sait aujourd'hui : si tous les pays du monde adoptaient le mode de vie des Européens, nous aurions besoin de trois planètes pour parvenir à contenter tout le monde. Daniel Cohen affirme par exemple que si la Chine possédait le même nombre de voitures par habitant que les États-Unis, elle utiliserait la totalité de la production pétrolière mondiale. Pire, si elle suivait leur exemple en consommant autant, elle devrait brûler l'ensemble des forêts de la planète ! Peu à peu, les températures extrêmes, le problème de l'accès à l'eau, la pauvreté et les migrations ont envahi notre quotidien. L'angoisse est montée d'un cran. Tout à coup, l'avenir nous a semblé moins radieux. Nous avons réalisé que nous avions agi avec beaucoup de désinvolture. Mais personne n'avait jusqu'ici sérieusement réfléchi à la façon d'éviter la catastrophe. À l'époque, les actions en faveur du climat étaient quasiment inexistantes. Nous n'avions jamais entendu parler (ou presque) de transition écologique. Nous ne savions même pas mesurer notre impact carbone.

Nous nous sommes résolus à entamer notre mue voilà seulement cinq ou six ans, quitte à tâtonner dans les premiers temps faute d'exemples à suivre. Le processus est long. On ne passe pas du jour au lendemain d'une société d'abondance où personne ne pense à rationner sa consommation à la sobriété heureuse chère à Pierre

Rabhi, essayiste et figure de l'agro-écologie. Aujourd'hui, le monde est en plein chambardement et les événements climatiques s'accélèrent à un rythme effréné. Il n'est plus temps d'attendre. Engagés depuis des décennies dans les grandes causes sociétales, nous voulons inciter nos partenaires à adopter une nouvelle attitude plus responsable et à montrer eux-mêmes l'exemple. Je suis persuadé que les entreprises ont un rôle déterminant à jouer pour accompagner cette évolution. C'est une question de survie. Tout le monde doit prendre conscience de l'importance de ce défi collectif qui doit nous pousser à aller au-delà de notre zone de confort. Si nous étions capables d'influencer tous ensemble ne serait-ce qu'une partie de nos millions de clients en France et les pousser à consommer mieux, nous pourrions convaincre les pouvoirs publics de s'impliquer davantage et de nous donner les moyens d'atteindre nos objectifs. Notre société a dû faire face à de grandes transformations ces dernières années. La révolution numérique au début des années 2000 a bousculé la planète, faisant voler en éclats les habitudes et les certitudes. Aujourd'hui, c'est au tour de l'urgence écologique de bouleverser notre vie quotidienne.

De toute façon, la fuite en avant ne pouvait plus durer. Nous sommes de plus en plus nombreux à partager cette conviction. Certains consommateurs avertis ont émis pour la première fois l'idée que le choix de consommer moins et mieux n'était pas totalement saugrenu et pouvait faire oublier le luxe observé dans la plupart des pays occidentaux. Un nouveau mode de vie permettrait d'avoir d'autres types de satisfactions que l'achat de produits censés rendre heureux leurs propriétaires. Les militants écologiques, eux, sont allés encore plus loin dans la démarche : alliant le geste à la parole, ils rejettent parfois en bloc la société de consommation, refusant de cautionner le gâchis généralisé. Ces adeptes de la déconsommation, sorte de nouveaux Robin des bois installés dans d'anciennes usines à Montreuil ou dans le Larzac et devenus les rois de la récupération, peuvent sembler caricaturaux. Mais ils ont le mérite de susciter de vrais débats au sein de l'opinion publique et de faire évoluer la mentalité. L'introspection est toujours bénéfique.

Ce début de maturité est encourageant. Au moment où le groupe célèbre les soixante-dix ans de la Fnac, nous voulons profiter du lien unique qui nous unit aux consommateurs pour les convaincre de nous suivre. Nous leur proposons un pacte de confiance pour une consommation durable, à l'image du « contrat de confiance » inventé par Darty en 1974, cinquante ans déjà. Je sollicite l'engagement de tous les Français préoccupés par l'avenir de notre planète, « notre maison commune ». Cette union sacrée devra également impliquer les industriels. Rien ne pourra se faire sans eux : s'ils décident de produire des équipements en harmonie avec la consommation responsable, notre combat sera en grande partie gagné. Aujourd'hui, nous devons redoubler d'efforts afin que cette transition devienne une réalité pour l'ensemble de la population. Ce pacte de confiance doit être l'occasion de participer à une démarche collective, où tout le monde peut trouver sa place. C'est donc le moment ou jamais de proposer une troisième voie, compromis entre l'hyperconsommation et la déconsommation. Il faut arrêter cette course folle vers l'avoir et adopter de nouvelles pratiques plus durables, si possible sans éprouver de frustration. Nous devons y travailler avec ardeur pour sauver notre « maison commune ». Avant qu'il ne soit trop tard.

2

Pourquoi cela ne peut plus durer

Jacques Chirac avait alerté l'opinion mondiale lors du IVe sommet de la Terre en 2002. L'ancien président avait alors employé une formule qui avait frappé les esprits : « La maison brûle et nous regardons ailleurs », ajoutant que « le changement climatique est engagé du fait de l'activité de l'homme. Il nous menace d'une tragédie planétaire ». Aujourd'hui, nous y sommes. Cette fuite en avant ne peut plus durer. Les scientifiques commencent à mieux mesurer les effets dévastateurs du dérèglement climatique. Les incendies, les inondations et les séismes qui ont endeuillé le monde entier durant l'été 2023 le prouvent bien. Avec le réchauffement climatique, la biodiversité et la qualité de vie sur notre planète sont menacées. Si nous ne prenons pas de mesures urgentes, la Terre va nous devenir hostile. Des études prédisent déjà l'extinction progressive de certaines espèces animales et végétales. Grâce à la science et à la technologie, les êtres humains semblent plus résistants mais nous commençons nous aussi à être durement touchés. Le constat est implacable.

Consommer sans consumer la planète

Nous ne pouvons plus attendre. En revanche, je suis sûr que nous pouvons continuer à consommer sans consumer la planète. À la Fnac-Darty, nous ne prétendons pas pouvoir inverser la tendance à nous seuls, mais nous voulons nous engager à réduire la vitesse du réchauffement, avec pour objectif de ne pas dépasser 1,5 degré supplémentaire d'ici à 2030, comme le recommandait l'accord de Paris sur le climat en 2015. Aujourd'hui, nous sommes partis sur une hausse de 2,5 ou 3 degrés dans un avenir relativement proche. Avec de telles températures, la qualité de la vie sur terre risque de s'effondrer. Dans certaines zones géographiques, la température pourrait atteindre 50 degrés, avec la disparition des cultures indispensables pour nourrir les hommes. Ce désastre annoncé est terrifiant. Je crois pourtant que les efforts conjugués des industriels, des commerçants et des consommateurs peuvent déjouer ce funeste destin. Chacun à son niveau peut agir en modifiant son mode de vie et en repensant sa relation à la planète. J'appelle toutes les bonnes volontés à me rejoindre dans ce combat.

Tout le monde contribue aux émissions de gaz à effet de serre qui étouffent inexorablement la Terre. Les commerçants portent eux aussi une part de responsabilité. Nous avons largement contribué à la situation actuelle, je le reconnais. Comme la plupart des distributeurs, Fnac-Darty a fait son examen de conscience et mesuré tous ses manquements. Nous nous sommes aperçus que 90 % de notre empreinte carbone concerne les produits que nous distribuons. Selon l'Agence de la transition écologique (Ademe), « la phase de fabrication des appareils électroménagers pèse pour 55 % à 70 % dans les émissions de CO_2 ». Ce n'est donc ni notre logistique, ni nos transports, ni notre siège social qui impactent la planète. Pourtant, nous ne pouvons pas nous satisfaire de ce constat en arguant du fait que nous ne fabriquons pas les objets que nous vendons. Pour moi, l'ensemble de la chaîne, de la production à la consommation, doit être pris en compte dans nos calculs pour améliorer les performances globales.

Les industriels sont en première ligne mais ils ont longtemps fait de la résistance. Ils refusaient d'ajouter de la complexité et des coûts à leur processus de fabrication. Pourtant, ce sont eux qui émettent le plus d'émissions de gaz à effet de serre. Ils détiennent, pour une grande partie, les clés de la réduction de l'empreinte carbone. Il ne faut pas se faire d'illusion : beaucoup de chaînes de production dans le monde continuent à fabriquer toujours plus de produits sans se préoccuper des conséquences de leur entêtement pour l'humanité tout entière.

Malgré tout, les choses commencent à changer, notamment en Europe. Les entreprises ont enfin saisi l'enjeu environnemental. Pour la plupart d'entre elles, la question d'agir ou pas ne se pose même plus. Elles ont déjà enclenché une démarche vertueuse et affichent désormais des objectifs à plus ou moins long terme de neutralité carbone, promettant par exemple de recycler leur plastique. Un mois avant les négociations sur le climat supervisées par l'ONU à la COP 28 de Dubaï, en novembre 2023, une centaine de groupes européens comme Volvo, Decathlon, Ikea, Nestlé, Danone, Heineken ont instamment demandé aux gouvernements du monde entier de s'attaquer aux énergies fossiles afin de respecter l'objectif fixé de limitation du réchauffement climatique. Ces géants de l'industrie s'alarment des effets désastreux des phénomènes météorologiques qui se multiplient.

Adopter de nouvelles pratiques pour épargner la planète est presque devenu une obligation, sous peine d'être durement épinglé. Non seulement les récalcitrants doivent affronter les activistes écologiques qui dénoncent les industries les plus polluantes mais ils sont également obligés de rendre des comptes à leurs actionnaires. Les investisseurs, notamment les grands fonds internationaux, tiennent désormais à afficher une attitude responsable. De plus en plus pointilleux, ils étudient soigneusement la feuille de route et la politique RSE (responsabilité sociétale des entreprises) des sociétés qu'ils convoitent. Ces financiers tout-puissants peuvent influencer les industriels en les poussant à accélérer leur démarche responsable et à afficher des performances écologiques à la hauteur des enjeux. Ils renoncent parfois à investir dans les sociétés les moins scrupuleuses. Pour les industriels dont la pérennité pourrait être mise en cause, c'est un argument supplémentaire en faveur de l'adoption de nouvelles pratiques.

Nous sommes tous concernés par la rentabilité et la solidité de nos entreprises. Mais nous n'avons plus le choix. Nous devons réfléchir à un nouveau *business model* qui associe croissance économique et souci écologique. L'équilibre se révèle un véritable casse-tête, mais il est nécessaire, voire salutaire. Les grandes transformations économiques de l'histoire, comme la révolution industrielle au début du XIXe siècle ou plus près de nous la révolution numérique des années 1990, ont permis le progrès, avec la promesse d'éliminer les tâches inutiles et de simplifier la vie de nos concitoyens. Aujourd'hui, le défi est différent : nous allons au contraire devoir revenir en arrière, ralentir la cadence infernale que nous nous sommes imposée ces dernières décennies et accepter de privilégier la qualité, quitte à payer davantage. Les industriels seront sans doute obligés de répercuter les coûts supplémentaires afin de respecter les nouvelles normes environnementales. Par exemple, le recyclage est extrêmement onéreux : une tonne d'aluminium recyclé revient beaucoup plus cher qu'une tonne d'aluminium neuf.

Il faut en être conscient : la facture de la transition écologique sera extrêmement élevée. La transformation devrait coûter 50 milliards d'euros par an, selon les calculs des experts, soit l'équivalent de deux ou trois points de PIB pour les pays industrialisés. Le rapport Pisani-Ferry, publié le 22 mai 2023, calcule, lui, que la transition écologique coûtera 60 milliards par an pendant les dix prochaines années. Près de la moitié des investissements devront être supportés par les pouvoirs publics. Ce qui veut dire que les entreprises devront elles aussi fournir des efforts financiers considérables pour réussir la transformation, et ce dans un temps très court.

De son côté, la Banque centrale européenne (BCE), qui a publié le 6 septembre 2023 ses deuxièmes *stress tests* climatiques, estime qu'une transition accélérée, avec un doublement des dépenses d'ici à trois ans, nécessiterait 3 200 milliards d'euros au niveau mondial d'ici à 2030. Et si la transition est repoussée, ce sera bien pire. Car plus nous attendrons, plus la somme à consacrer au climat augmentera de façon exponentielle. Quoi qu'il arrive, les investissements seront de toute façon colossaux. Nous allons pourtant devoir trouver les moyens de financer cette révolution. Il va falloir économiser ailleurs pour compenser les coûts exorbitants engagés. L'enjeu est de parvenir à un équilibre satisfaisant entre les dépenses nécessaires à notre survie sur terre et notre capacité à supporter ces nouvelles charges. Il faut cependant rester réaliste malgré l'urgence et procéder par étapes. Par exemple, nous allons probablement continuer à fabriquer du plastique tant que le pétrole restera bon marché. Mais nous ne pouvons plus raisonner uniquement en termes économiques. Il nous faut affronter l'avenir en laissant de côté une pure logique de productivité.

Les consommateurs impliqués

Nous ne réussirons pas notre pari sans la complicité des consommateurs. Tous les citoyens doivent se sentir concernés. Pour avoir un véritable impact écologique, nous devons les convaincre du bien-fondé de notre démarche. Sans surprise, ce sont les jeunes qui sont les plus sensibles au développement durable. Selon une étude de l'Ademe, publié le 12 juin 2023, les 15-25 ans considèrent l'environnement comme une préoccupation majeure : 79 % d'entre eux déclarent y accorder une grande importance, davantage que leurs parents. Ces *millenials* qui accèdent aujourd'hui à la consommation avec leurs codes, leurs valeurs et leurs désirs peuvent aider le reste de la famille à changer leurs vieilles habitudes. Convaincre les plus de 40 ans d'adopter des comportements éco-responsables n'est pas impossible. Au contraire, ces consommateurs au pouvoir d'achat souvent non négligeable ne demandent qu'à contribuer à l'effort commun. En réalité, c'est la mentalité de l'ensemble des Français qui évolue dans le bon sens : pour 61 % d'entre eux, la situation appelle à des changements importants pour consommer moins mais mieux. Ce mouvement doit être fortement encouragé.

Mais nous avons encore des progrès à fournir. Selon plusieurs études concordantes, la consommation individuelle – incluant l'alimentation, le logement et les transports – produit en moyenne 10 tonnes d'émissions de CO_2 par an et par personne, soit cinq fois plus qu'espéré. Pour se rendre compte des conséquences de ses mauvaises habitudes, chaque citoyen devrait pouvoir effectuer son bilan carbone personnel. L'atelier 2 tonnes propose à chacun de connaître sa consommation de carbone et d'explorer les moyens d'agir pour réduire ses émissions de gaz à effet de serre. Le but ? Atteindre deux tonnes par personne et par an d'ici à 2050, comme le préconise l'accord de Paris de 2015. Même les plus avertis d'entre nous ont découvert de nouvelles façons de réduire leur bilan carbone sans renoncer totalement aux plaisirs de la vie. Franchir cette étape permettrait de viser de nouveaux objectifs et de déterminer la façon d'y parvenir ensemble. Nous avons tous un pouvoir d'influence : dans notre sphère publique ou privée, chacun d'entre nous peut persuader ses proches, son entourage professionnel ou ses voisins de faire des efforts, parfois même indolores. Toute action peut agir sur la réduction globale du carbone. Il ne faut pas sous-estimer cette force-là. Grâce à leur relation privilégiée avec les consommateurs, les commerçants peuvent toucher plus de la moitié de la population du pays. C'est à la fois une belle opportunité et une grande responsabilité.

En revanche, si les citoyens-consommateurs affirment comprendre l'urgence et les enjeux, ils ne semblent pas encore disposés à bouleverser totalement leur vie et leurs habitudes, surtout si ce changement implique des dépenses supplémentaires. Concilier les deux attitudes, antinomiques, est compliqué. Pour le moment, constate Philippe Moati, dont l'Observatoire Société et Consommation (ObSoCo) publie tous les ans un rapport, « c'est toujours le consommateur qui l'emporte sur le citoyen ». En réalité, les acheteurs veulent sincèrement s'offrir des objets de qualité et durables mais ils ne sont pas encore tout à fait prêts à y mettre le prix. C'est ce que l'ObSoCo appelle le « *green gap* », paradoxe entre la sensibilité écologique des consommateurs et leurs comportements d'achat. Le phénomène est observé par tous. Le baromètre 2023 des tendances de consommation Wavestone révèle que 56 % des Français ne souhaitent pas payer plus cher pour consommer des produits responsables.

Mais je suis confiant : la France est un pays particulièrement mature avec une conscience aiguë des enjeux. Par exemple, nos compatriotes sont les premiers devant leurs voisins belges ou espagnols à souhaiter acheter, y compris à Noël, des produits de seconde main. Ils commencent à sanctionner les groupes qui ne jouent pas le jeu, en se détournant d'eux et de leurs produits. Mieux, certains n'hésitent pas à appeler au boycott en cas de dérapage, comme ce fut le cas pour les industriels du textile indélicats qui fermaient les yeux sur le travail des enfants dans les usines en Asie. Les nouveaux « consomm'acteurs » encouragent à l'inverse les entreprises les plus éthiques du marché. Selon une étude de C-Ways, 71 % des Français aspirent à une société qui soutiendrait exclusivement les activités économiques vertueuses pour l'environnement. C'est une aspiration qu'il faut encourager.

Si Patagonia, l'enseigne californienne de vêtements outdoor, qui porte haut et fort les couleurs de l'écologie, connaît un tel succès, jamais démenti, c'est parce qu'elle a su fédérer un grand nombre de clients autour de sa philosophie, la consommation responsable et l'éthique. Les adeptes du pionnier de la mode écoresponsable s'offrent sans hésiter des tenues de sport de qualité à des prix pourtant très élevés. La marque premium des sports de plein air a fait des émules aux États-Unis et en Europe. C'est dans cet esprit que nous avons repris Nature & Découvertes. En 1990, date de la création de l'entreprise, peu de monde avait pris conscience de la nécessaire reconnexion à la terre, à la biodiversité, à la planète. Les fondateurs, François et Françoise Lemarchand, étaient des précurseurs aspirant à faire du commerce dans le respect de l'homme et de la nature. Avec la volonté de transmettre ces valeurs aux générations futures. Dans une certaine mesure, ils y sont déjà parvenus en ouvrant leur univers aux Français. Pour un groupe comme le nôtre, engagé dans l'économie responsable, la certification B Corp de Nature & Découvertes renforce notre ancrage dans la consommation durable. Elle nous permet également d'améliorer nos propres performances et de renforcer notre exigence interne.

La pandémie a également permis d'accélérer la prise de conscience des Français, avec une réflexion partagée par le monde entier sur notre fragilité face aux caprices de la planète et sur notre impuissance face aux épidémies. Nous avons dû entièrement repenser notre système de valeurs et redécouvrir les vraies priorités de la vie. Pendant le confinement, les Français ont davantage trié leurs affaires en rangeant leur maison : ils se sont rendu compte qu'ils possédaient un nombre incalculable d'objets, achetés sans réellement avoir réfléchi. Ce retour à l'essentiel est inédit, avec un désir de reconnexion profonde à la nature. En témoigne le renouveau de la randonnée avec des ventes de tenues sportives en hausse et les achats de maisons avec extérieur qui ont explosé après cette période troublée. Depuis, nous voulons renouer avec une agriculture plus responsable, acheter de bons produits du terroir et les cuisiner nous-mêmes. Outre l'envie de cultiver son jardin et de manger sain et naturel, les consommateurs se sont précipités sur les produits les plus durables, dont les ventes ont fortement progressé à la fin du confinement.

C'est le cas dans le secteur de l'électroménager. Selon le GIFAM (Groupement interprofessionnel des fabricants d'appareils et d'équipement ménager), 60 % des Français souhaitent désormais acquérir des appareils plus performants et moins consommateurs d'énergie. Ce recentrage sur l'essentiel semble avoir été de ce point de vue bénéfique. Il a acté la nécessité de vivre autrement. Depuis, l'intérêt pour le développement durable se confirme et s'amplifie de jour en jour. Selon un sondage Sociovision, publié le 22 juillet 2022, 80 % des Français considèrent désormais le mot « sobriété » de manière positive. Cette avancée sémantique nous donne de l'espoir pour la suite. Paradoxalement, la crise économique et l'inflation qui touchent aujourd'hui la majorité des Français depuis plus d'un an n'ont pas annihilé cette volonté de consommer autrement. Même si l'achat de produits bio est en recul, les Français n'ont pas la tentation de retourner à leurs anciennes habitudes. La perte de pouvoir d'achat, avec des prix en forte hausse, n'incite pas non plus à s'offrir des produits inutiles qui risquent de casser à la première utilisation. Cela va dans le sens de l'écologie. Les consommateurs apprennent de plus en plus à se passer du superflu. Aujourd'hui, la plupart d'entre eux veulent acheter moins mais mieux.

3

La prise de conscience des enseignes

Pour parvenir à nos fins, nous devons nous attaquer au problème dans toute sa globalité. Notre action doit concerner à la fois la qualité, la fabrication, l'acheminement et la matière recyclée. Il nous faut mettre en œuvre une stratégie d'accompagnement des consommateurs afin de leur apprendre à bien utiliser leurs appareils et à les entretenir. Nous devons également réussir à peser sur le choix des produits eux-mêmes et prévoir une deuxième vie après usage. Il faut faire en sorte que nos clients puissent garder leurs appareils en bon état de fonctionnement le plus longtemps possible.

Les distributeurs constituent la passerelle idéale entre les fabricants et les consommateurs. Mettre en avant la valeur ajoutée des produits et des fabricants, c'est l'essence même de notre métier. Nous devons être généreux dans nos actions et chercher tous les moyens possibles pour avoir un véritable impact sur toute la chaîne, du producteur au client final. C'est essentiel pour optimiser la vie du produit, de sa naissance à sa fin annoncée. L'Ademe a fait le calcul : allonger d'une année l'usage de onze équipements électriques et électroniques donnés permettrait à un ménage d'économiser près de 1 000 euros sur dix ans. Mieux, cette extension permettrait de réduire de 15 à 20 % l'empreinte carbone liée au recyclage. Au cœur de la transaction, les commerçants sont les mieux placés pour évaluer la situation et pousser leurs clients à un comportement plus vertueux.

Aujourd'hui, les Français semblent davantage disposés à devenir des consommateurs modèles. Je constate que les mentalités ont considérablement changé. Je ne peux que m'en réjouir. Les Français ont enfin pris conscience des conséquences écologiques et économiques de leur choix de consommation. Ce nouvel état d'esprit chamboule le commerce tout entier. Les distributeurs doivent absolument profiter de la bonne volonté affichée pour s'emparer du phénomène et faire avancer la cause. Il ne faut pas s'y tromper : c'est un changement de fond. La plupart des entreprises essaient de s'améliorer à l'aide des moyens mis à leur disposition. Mais elles ne peuvent réellement progresser qu'avec la complicité des consommateurs. Heureusement, ils sont de plus en plus attentifs aux efforts déployés par les fabricants pour offrir des objets durables.

Decathlon, l'une des marques préférées des Français, a par exemple su faire de ses clients des alliés précieux. Grâce à son modèle intégré, l'enseigne conçoit, fabrique et distribue des produits plus responsables, à la grande satisfaction des acheteurs qui plébiscitent ces équipements de sport vertueux. Elle se soucie également du recyclage des accessoires qu'elle vend. Decathlon valorise en effet la collecte des objets en fin de vie, comme les raquettes cassées ou les ballons crevés, dans le but, louable, d'éviter de les retrouver un jour au fond d'une poubelle – ou d'une rivière ! Ces pratiques exemplaires se déclinent dans de nombreuses catégories de produits et se développent dans l'ensemble des secteurs économiques, du bâtiment à l'habillement en passant par l'alimentaire, l'électroménager ou la technologie. Les clients apprécient tellement ce type de comportement vertueux qu'ils vont jusqu'à exiger des marques des preuves de leurs actions pour l'environnement et les sanctionnent en cas de manquement notoire. La pression oblige le plus souvent les enseignes à se remettre en question. Ces réactions font monter le niveau d'exigence des acteurs du marché. Nous devons désormais tous répondre à ces nouvelles demandes et les encourager.

L'exemple de la Fnac

La Fnac a toujours pris soin d'écouter ses clients et de satisfaire leurs besoins. Le combat pour le consommer mieux est inscrit depuis longtemps dans notre histoire. Il fait partie de notre ADN. Créée en 1954, l'enseigne voulait faire du commerce autrement, comme le raconte André Essel dans son livre *Je voulais changer le monde*. Cofondateur de l'enseigne avec Max Théret, il a appliqué jusqu'au bout les préceptes des origines : informer les acheteurs et leur permettre de faire un choix éclairé. « Nous défendions une certaine conception de la distribution, nous luttions pour l'amélioration du pouvoir d'achat par la baisse des prix. Nous voulions que les consommateurs soient informés et nous recherchions leur alliance », racontait-il. La Fnac repose sur ces valeurs humanistes. Avec des idées révolutionnaires comme la lutte contre les positions dominantes, l'enseigne n'a jamais cessé d'être un agitateur. C'était la volonté des fondateurs. Ils ont débarqué avec éclat dans le monde extrêmement fermé de la distribution culturelle, où les fabricants régnaient en maîtres absolus : ils distribuaient eux-mêmes leurs produits, imposant leur volonté et leurs prix, le plus souvent élevés. La relation avec les consommateurs n'était pas équilibrée. D'emblée, la Fnac a voulu instaurer un climat de confiance. Elle a très vite œuvré pour élargir le cercle des initiés, au début limité aux cadres aisés. Dans les années 1970, les produits technologiques et culturels étaient accessibles à très peu de monde. L'ancienne Fédération nationale d'achats est apparue comme un OVNI dans un univers opaque et convenu avec un esprit d'indépendance qui ne l'a jamais quittée. Elle a réussi à briser cet entre-soi en offrant ses articles au plus grand nombre.

Symbole de cette volonté d'agir autrement et de se différencier du reste des distributeurs, le Labo Fnac a été créé en 1972 afin de publier des avis techniques circonstanciés sur les produits, juger de leur qualité en toute indépendance et donner un nombre impressionnant d'informations aux clients. L'objectif était de leur permettre de faire leurs choix en connaissance de cause. Après avoir commencé par noter les performances des appareils photo et du matériel audio, le Labo Fnac a étendu sa prescription aux objets high-tech comme les smartphones, les ordinateurs ou les tablettes. Ses célèbres étoiles sont l'agrégation de plusieurs notes obtenues à la suite de l'évaluation des produits sur chacun des critères majeurs, et ce pour chaque catégorie. Aucune note n'est attribuée de manière arbitraire : les bancs de mesure sont équipés d'instruments et d'outils scientifiques assurant la qualité et la précision des résultats. À noter : le prix et la marque d'un appareil ne font pas partie des critères de choix. Toutes les informations recueillies sont analysées. Elles se voient ensuite appliquer un barème permettant de trier les produits par catégorie et de leur attribuer une note. Les appréciations permettent d'avoir une vision globale des performances techniques de chaque appareil. Les avis, parfois en contradiction avec l'argumentaire des fabricants, ont longtemps provoqué des scandales et des litiges. Mais nous n'avons jamais cédé. Nos commerciaux ne peuvent en aucun cas intervenir, même s'ils doivent calmer par la suite la mauvaise humeur des fabricants. Bien sûr, nous expliquons toujours aux marques les raisons d'une notation médiocre. Parfois, elles le comprennent et s'amendent.

Notre Labo a réussi le tour de force d'influencer les industriels et de les inciter à améliorer la qualité de leurs appareils. Le japonais Sony, par exemple, venait régulièrement en France pour pré-tester ses nouveaux produits et ainsi être certain que ses standards correspondaient bien à ceux des évaluateurs. Comme lui, beaucoup de fournisseurs, parmi les plus prestigieux, se sont servis des remarques de nos spécialistes pour effectuer des ajustements. Nous prenons soin de préserver encore aujourd'hui cet outil précieux. Nous l'avons modernisé en proposant un site internet plus éditorialisé et pédagogique qu'auparavant. C'est un exemple à suivre. Les entreprises responsables devraient exercer le même type de contrôle sur la durabilité des produits. L'exigence éthique doit plus que jamais nous guider.

Le combat pour le livre

De tout temps, la Fnac s'est battue pour donner accès aux produits culturels en pratiquant des ristournes à ses clients. Le groupe a progressivement élargi son offre en proposant en complément des appareils photo, des radios, des enregistreurs et des disques vinyles. Mais le vrai tournant a eu lieu en 1974 lorsque la Fnac a pénétré dans le monde feutré du livre. À l'époque, pousser la porte d'une librairie constituait une épreuve pour celui qui n'en avait pas l'habitude. Moi qui suis un fou de littérature, j'ai toujours ressenti une sorte d'appréhension à chaque fois que j'entrais dans une librairie en Espagne, où il ne fallait surtout pas toucher ni feuilleter les volumes sous peine de croiser le regard courroucé du libraire.

La Fnac a décidé de s'attaquer à ce marché avec un nouveau concept. Elle a eu l'idée de mettre en place des livres en libre-service, classés par genre et disposés en alvéoles, comme autant de mini-librairies spécialisées, afin de permettre aux clients de consulter librement les ouvrages tout en ayant accès aux vendeurs pour les aider dans leur choix. C'était du jamais-vu en France ! Le groupe avait réussi à trouver un bon compromis entre les grands espaces de vente et les petites librairies de quartier. Outre la diversité culturelle affichée, la Fnac a eu l'idée de créer un conseil indépendant des libraires animé par des vendeurs mordus et des adhérents eux aussi amoureux des lettres. Permettre au plus grand nombre d'avoir un accès facile à la culture : la promesse était tenue.

Dans le même esprit, la Fnac s'est toujours battue pour faire baisser le prix des biens culturels afin de satisfaire ses adhérents et entretenir avec eux une relation privilégiée. Appartenir à un club, c'est échanger, partager, bénéficier d'avantages et de prérogatives. Nous avons été les premiers à établir un dialogue permanent avec les clients. Aujourd'hui, tous les commerçants travaillent sur la personnalisation de leur offre qui permet de coller davantage aux besoins spécifiques de chaque client. Les fondateurs de nos enseignes avaient compris ces enjeux avant tout le monde. C'est également pour défendre nos adhérents que nous avons bataillé corps et âme au début des années 1980 pour continuer à appliquer des ristournes sur les livres. Les rabais que nous pratiquions alors, de l'ordre de 20 à

25 %, ont entraîné une sorte de cataclysme dans l'univers de la culture et de l'édition en France. L'initiative a provoqué de longs débats houleux avec une violente mise en cause de l'enseigne. La Fnac était accusée de vouloir tuer les petites librairies. En 1981, le ministre de la Culture, Jack Lang, défend devant l'Assemblée un projet de loi – qui porte son nom depuis –, instaurant le prix unique du livre. Initiée par Jérôme Lindon, le directeur des Éditions de Minuit, la loi Lang a été imaginée pour empêcher les grands distributeurs de pratiquer des prix trop bas sur le livre, prix sur lesquels les libraires indépendants ne pouvaient pas s'aligner. À l'époque, la Fnac était clairement visée. L'enseigne, au nom de la démocratisation de la culture, avait mené ce combat. Elle avait même refusé de se plier à cette nouvelle règle en poursuivant un temps sa politique de prix. Par la suite, la mesure a été assouplie à la demande du président François Mitterrand, autorisant des remises de 5 %. Ces batailles pour les consommateurs ont conforté notre réputation et notre crédibilité. Très peu de marques patrimoniales sont aussi fortes que la Fnac. Et aussi pugnaces.

Aujourd'hui, nous devons reconnaître que la loi Lang a eu des effets très positifs : elle a aidé à maintenir un puissant réseau de librairies en France, qui permet de conserver un secteur du livre dynamique. Ce mouvement montre l'importance sociale du marché d'accès à la culture et à la connaissance. Le modèle français, une exception culturelle, qui s'exporte dans d'autres pays comme l'Espagne et le Portugal, a su créer une protection du monde de l'édition et de la lecture. Avant l'arrivée d'Amazon...

Le contrat de confiance

Darty, qui a rejoint le groupe en 2016, s'est également battu pour démocratiser l'achat d'appareils ménagers en associant étroitement ses clients à sa démarche positive. Dès la création de l'entreprise en 1957, les frères Darty ont voulu donner au plus grand nombre un accès à l'équipement de la maison et à l'électroménager, avec des appareils qui simplifient la vie des Français. Ces commerçants inspirés ont imaginé un modèle de commerce indépendant des fabricants. Onze ans plus tard, Darty créait son premier service après-vente (SAV), destiné à rassurer le consommateur et prolonger – déjà – la vie des produits. Mais le vrai coup de génie des fondateurs est d'avoir imaginé en 1974 le concept de contrat de confiance, mélange de contrat rationnel en bonne et due forme et la confiance, notion plus émotionnelle. « Si ce slogan a marqué les esprits, c'est parce que Darty est une marque profondément humaniste. Elle renvoie au contrat de Rousseau, au cœur de la philosophie des Lumières, en répondant à la question “Comment je fais société ?” » analyse le publicitaire Raphaël de Andreis, PDG de Havas Village France. Cette volonté d'associer les consommateurs à l'entreprise a toujours été revendiquée par ses fondateurs. « La valeur ajoutée de Darty repose essentiellement sur la qualité et l'étendue du service apporté au client.

Le contrat de confiance passé avec chaque client sera au cœur de toutes les actions engagées par la société, et ceci à tous les maillons de la chaîne, du vendeur au directeur de magasin en passant par le livreur et l'informaticien », détaille Bernard Darty dans son ouvrage autobiographique, *Une histoire de confiance*, paru en 2018.

Cinquante ans plus tard, cet engagement réciproque est devenu l'identité de Darty. Il continue à résonner dans la tête des Français. « Peu d'entreprises ont réussi à inventer un slogan véritablement iconique, aussi fort et indissociable de leur marque. Darty et le contrat de confiance, c'est l'égal de Nike avec "*Just do it*", de L'Oréal avec "Parce que je le vaux bien" ou d'Apple avec "*Think different*" », estime Raphaël de Andreis. Le roi de l'électroménager a souvent été copié par de nombreux distributeurs pressés d'afficher une longue litanie de promesses, mais jamais égalé. L'enseigne célèbre cette année les cinquante ans du contrat de confiance, l'occasion de constater à quel point les frères Darty avaient une vision moderne du commerce et de ses enjeux relationnels et que c'est toujours d'actualité. Ce que j'aime dans la notion de contrat, c'est notre engagement à le respecter au quotidien. C'est notre patrimoine.

Le mouvement est en marche

Notre expérience passée démontre notre capacité de s'engager auprès des consommateurs. Elle continue à nous guider. À l'heure de la transition écologique, elle nous pousse à nous remettre en question. Notre rôle est de contribuer, comme par le passé, à faire bouger la société en plein bouleversement. Nous entrons dans une nouvelle ère économique, sociale et démocratique, sous le signe de l'urgence climatique. Nous devons accompagner les Français sur le chemin de la consommation responsable et les aider à négocier au mieux ce virage historique. Nous voulons transformer les contraintes en opportunités. C'est pour moi un devoir et un honneur.

Nous ne sommes pas les seuls à nous préoccuper du futur de la planète et à entraîner les consommateurs dans l'aventure. D'autres entreprises françaises et européennes de renom n'ont pas attendu le dernier moment pour changer l'ordre de leurs priorités et afficher des pratiques responsables. De ce point de vue, Decathlon est exemplaire. Depuis quelques années, l'enseigne nordiste multiplie les efforts pour devenir la marque la plus écologique du marché, en travaillant sur la conception des produits, leur accessibilité et leur réparation. Elle a fait sa révolution écologique. Volontaire, elle promet que 100 % de ses produits seront éco-conçus d'ici à 2026. Un sacré défi ! La marque d'équipements de sport préférée des Français, qui s'exporte désormais partout dans le monde, a choisi d'utiliser du matériel solide afin de prolonger la vie de ses produits et de les rentabiliser au maximum. Elle commence déjà à s'appuyer sur « les ventes vertes », celles générées par les ateliers de réparation, la location du matériel, la vente des biens d'occasion et par les pièces détachées. Si elles ne représentent aujourd'hui que 5 % du chiffre d'affaires, elles atteindront 15 % en 2025.

Ces avancées sont encourageantes. Les enseignes spécialisées dans l'équipement de la maison ont elles aussi commencé leur mue vers la consommation durable. Ikea, qui a largement contribué à rendre le mobilier accessible à toutes les bourses, a pour ambition de devenir une entreprise circulaire d'ici à 2030, en favorisant le réemploi des matériaux. Par exemple, toutes les cuisines de la gamme Kungsbacka vendues par le groupe suédois possèdent des portes fabriquées à partir de plastique recyclé. Ce n'est pas négligeable car ces entreprises gèrent de très gros volumes de marchandises. La mise en place de nouvelles pratiques constitue un vrai bouleversement en interne avec des salariés obligés de penser autrement et de s'adapter. Ces obstacles n'empêchent pas les conversions vertueuses dans la plupart des industries.

J'admire particulièrement la transformation de Renault. En très peu de temps, les équipes du constructeur automobile français ont habilement négocié le virage de l'électrique. C'est le premier constructeur généraliste, évoluant dans un secteur très polluant, à avoir opté pour le 100 % électrique. Il vise une batterie verte responsable et décarbonée. Le but est de réduire à terme l'empreinte carbone de 35 %. Le développement durable est devenu la priorité de l'ancienne régie. Aucune industrie, aussi prospère soit-elle, n'échappe à cette remise en question salutaire. Dans le luxe, une de nos industries françaises les plus épargnées par la crise, tous les géants du secteur mettent le développement durable au cœur de leur stratégie. Kering, par exemple, s'est rapidement doté de standards éthiques exigeants sans pour autant abandonner les codes du haut de gamme et de la désirabilité. François-Henri Pinault, son PDG, déclarait récemment que « luxe et développement durable ne font qu'un ». Pour lui, « l'impératif éthique est source d'innovation et de création de valeur pour le groupe ».

Désormais nul ne peut se soustraire à ses obligations. Tous les grands groupes du CAC 40 s'accordent sur la nécessité du changement. Ils font aujourd'hui des choix forts pour s'intégrer dans une économie responsable et circulaire. Après, nous observons des conversions plus authentiques que d'autres. Mais même les moins sincères d'entre eux devront s'y mettre de manière approfondie un jour ou l'autre. Ils y seront contraints.

4

Inventaire des expériences

Pour accompagner le changement aussi harmonieusement que possible, les entreprises réfléchissent à la façon de s'adapter à la nouvelle donne. Toutes tentent des expériences, soit en réinterprétant des pratiques anciennes revenues au goût du jour, soit en créant des offres inédites qui permettront de conjuguer leur activité au futur. Elles méritent que l'on s'y arrête.

Le pari de l'occasion

Il faut le reconnaître : nous avons tous été surpris par l'ampleur du phénomène. Les achats d'objets d'occasion ont explosé. Ce type de vente existe depuis toujours, essentiellement à travers des associations comme Emmaüs et Envie ou des ressourceries et des brocantes. Mais elles ne concernaient jusqu'ici que le monde lié à l'économie sociale et solidaire. La possibilité de faciliter et de multiplier les échanges grâce au numérique a bouleversé la donne. L'accès à Internet a largement favorisé le développement exponentiel du second marché, entre particuliers ou à travers des sites professionnalisés. L'offre a explosé, sans avoir à subir les contraintes de stockage ou financières des magasins physiques. Les plateformes numériques peuvent proposer des dizaines de millions de produits aux internautes. Des sites comme eBay ou Leboncoin, plébiscité par 29,5 millions d'internautes par an, ont décomplexé les acheteurs d'occasion. C'est un moteur extraordinairement puissant. Dans les années 1980, la Fnac avait déjà créé dans ses magasins un espace dédié à l'échange d'appareils photo d'occasion, « Deuxième déclic ». Ces expériences ont été généralisées grâce à la puissance des outils numériques.

En réalité nous avons longtemps sous-estimé la capacité des consommateurs à adopter de nouveaux comportements. Pourtant, en peu de temps, leur état d'esprit a considérablement évolué. Un récent sondage réalisé par Tripartie révèle que 46 % des Français ont acheté ou vendu un produit d'occasion l'an dernier. En France, le marché de l'occasion représente déjà plus de 7 milliards d'euros tandis qu'au niveau mondial il a déjà atteint 110 milliards de dollars en 2022. Et ce n'est pas fini : le secteur devrait enregistrer d'ici à 2026 une croissance onze fois plus rapide que la vente d'articles neufs, soit un total estimé de 218 milliards de dollars ! Ce n'est pas étonnant. Nos concitoyens n'hésitent plus à panacher leurs achats et ne craignent plus les jugements dévalorisants de leur entourage. Au contraire, « l'occasion réconcilie le consommateur et le citoyen », analyse Philippe Moati, cofondateur de l'ObSoCo. S'offrir des objets de seconde main devient malin. En agissant de la sorte, l'éco-consommateur a le sentiment, gratifiant, d'aider la planète tout en réalisant de bonnes affaires. Une étude de l'Ademe, parue le 30 janvier 2023, révèle que cette pratique est fortement valorisée : 81 % des Français estiment que c'est pour eux une source de fierté et 91 % d'entre eux qu'il s'agit d'une pratique bénéfique à l'environnement.

Cet engouement pour les achats d'occasion touche tous les secteurs sans exception. L'habillement, le mobilier, l'optique, l'électroménager, la high-tech, l'optique et même l'hôtellerie sont concernés !

Ce sont sans conteste les vêtements qui ont relancé la mode de la seconde main. Vinted, par exemple, est devenu un phénomène de société. Le site connaît un succès remarquable. Avec son slogan qui claque – « Tu ne le portes plus ? Vends-le » –, la plateforme occupe la place de numéro un français d'articles de mode en ligne. Même si elles sont parfois distancées par ces nouveaux acteurs agressifs, les enseignes traditionnelles ne sont pas en reste. Toutes proposent des robes et des manteaux de seconde main dans leurs magasins. Elles créent elles aussi des sites afin de mettre en avant cette nouvelle activité. La Redoute a ainsi lancé « La Reboucle » afin de proposer ses articles d'occasion. Zara s'est récemment décidé à passer à la vitesse supérieure : elle a ouvert le 7 septembre 2023 « Zara Pre-owned », un site de revente de vêtements d'occasion. Considéré par le groupe comme une action supplémentaire dans le cadre de leur engagement à évoluer vers un modèle plus circulaire, il devrait permettre au groupe espagnol de profiter de l'essor de la vente en ligne des vêtements d'occasion et de conquérir une nouvelle clientèle. Le leader mondial de l'habillement ne pouvait pas ignorer cette nouvelle tendance de mode. En 2022, le marché des vêtements, des chaussures et de la maroquinerie de seconde main a généré en France 6 milliards d'euros, selon l'Institut français de la mode (IFM).

Les produits high-tech font eux aussi l'objet d'intenses transactions. Comme la technologie évolue rapidement, les plus geeks d'entre nous se débarrassent de leurs appareils pour s'offrir les articles dernier cri. Les autres acheteurs en profitent pour s'offrir ce type d'accessoires à prix réduits. Tous les sites de e-commerce dédiés à ce type d'objets fonctionnent bien. Back Market, créé en 2014, est devenu un acteur incontournable de ce marché porteur. Cet intermédiaire entre particuliers et professionnels du reconditionnement des appareils électriques et électroniques est connu pour son offre de smartphones de seconde main accessibles. La premiumisation des smartphones, avec l'arrivée de l'iPhone et des modèles haut de gamme de Samsung, a permis le développement d'un marché de téléphones reconditionnés : plus de trois millions d'appareils sont ainsi vendus tous les ans en France. L'avantage ? Prolonger la durée de vie des produits. Cela va donc dans le bon sens.

La plupart des grandes enseignes ont décidé de faire de l'occasion un relais de croissance incontournable. Decathlon, par exemple, reçoit chaque année plus de 7 millions de produits retournés par les acheteurs. Après un check-up complet, il les revend avec une remise de 25 % en moyenne. Au total, plus de 30 000 accessoires reconditionnés sont revendus tous les ans. Les vélos sont particulièrement appréciés des amateurs puisque 100 % d'entre eux retrouvent un nouveau propriétaire ! Ikea, un des leaders mondiaux de l'ameublement, s'est lui aussi lancé dans la seconde main. Il propose désormais des lits, des canapés, des bibliothèques ou encore des meubles de télévision dans des espaces dédiés au sein de leurs gigantesques magasins. En 2022, l'enseigne suédoise a donné une nouvelle vie à 2,7 millions de produits. Même les secteurs où la réutilisation des articles vendus semble impossible tentent leur chance. Les opticiens, par exemple, se sont mis à vendre des montures de seconde main. Optic 2000, groupe indépendant comptant près de 1 200 magasins en France, a ainsi voulu répondre à un besoin de lunettes moins onéreuses. Les hôteliers, contraints de renouveler leur literie relativement souvent, cherchent eux aussi à revendre leurs matelas usagés. Reconditionnés par des sociétés spécialisées, ils sont ensuite proposés à prix cassés sur des sites généralistes. L'économie est substantielle pour les acheteurs.

Mais si les consommateurs s'en donnent à cœur joie, ils sont malgré tout exigeants. C'est pourquoi ils préfèrent accorder leur confiance aux grandes marques qui leur garantissent le bon état de fonctionnement des objets convoités et s'engagent à les rembourser en cas de panne. Ce comportement quelque peu frileux nous avantage et nous oblige. Nous apportons un soin particulier à notre offre d'appareils reconditionnés. Le marché reste donc concentré sur quelques grandes marques reconnues et engagées. Les consommateurs ne s'y trompent pas. Experts, ils sanctionnent les revendeurs médiocres et plébiscitent les commerçants ayant pignon sur rue. L'occasion n'est plus seulement un phénomène de mode. Il va s'installer durablement dans notre paysage. C'est désormais une nouvelle façon de consommer et de concilier le combat pour la fin du mois et celui contre la fin du monde.

Les vertus de la réparation

Qui dit occasion dit souvent réparation ou reconditionnement en amont. Les services dédiés à la réparation se sont beaucoup développés ces dernières années. L'impact est important et le potentiel énorme. C'est un grand changement d'habitudes pour les consommateurs. Voilà à peine une dizaine d'années, 65 % des Français jetaient leurs équipements à la première panne. L'arrivée d'Internet et des sites marchands a fortement encouragé ces pratiques : ils acceptent tous de rembourser illico les produits pourtant facilement récupérables qui leur sont retournés.

Aujourd'hui, les consommateurs pensent à faire réparer leurs objets défaillants beaucoup plus qu'auparavant, selon notre baromètre publié en octobre 2023. La part des produits remplacés en raison d'une panne diminue : en 2018, 87 % des personnes interrogées déclaraient avoir racheté un nouveau lave-linge à la suite de problèmes. L'an dernier, ils n'étaient que 77 % à le faire. Et c'est encore plus spectaculaire pour les téléphones portables qui ne sont plus jetés après usage mais souvent réparés et revendus par la suite. Ce recours à la réparation permet d'allonger la vie des produits. Même si leur carrière prolongée a toujours une fin : le plus souvent, une machine de plus de douze ou quinze ans n'est plus réparable. Ce n'est pas non plus dramatique car les vieux appareils électroménagers affichent des niveaux de consommation énergétiques peu satisfaisants.

Pour encourager et accompagner ces démarches vertueuses entamées par les Français, les commerçants ont tous imaginé des concepts novateurs incitant nos compatriotes à adopter de nouveaux réflexes. Par exemple, la réparation est au cœur du dispositif de Darty depuis longtemps. Plutôt que de pousser ses clients à remplacer un produit qui ne fonctionne plus, l'enseigne d'électroménager a toujours essayé de trouver des solutions moins radicales en développant un grand service de réparation. Aujourd'hui, Darty est devenu le premier réparateur de France, avec 2,5 millions d'appareils électroménagers, d'ordinateurs ou de téléphone qui passent tous les ans entre les mains expertes des techniciens. Pour appuyer leur démarche, les patrons du groupe ont dû batailler avec les fabricants afin de protéger les acheteurs contre les appareils moins chers mais prêts à rendre l'âme à la moindre panne. Depuis toujours, ils exigent de leurs fournisseurs de faire des efforts pour produire des appareils beaucoup plus robustes. Nous mesurons aujourd'hui davantage la force visionnaire de l'enseigne qui a appliqué des principes écologiques bien avant la prise de conscience des Français et la popularisation de la notion de développement durable. Il s'agissait déjà d'une mise en garde contre le tout-jetable et de son impact sur le porte-monnaie du consommateur.

Lorsque nous avons racheté Darty, nous avons vite réalisé qu'il fallait miser sur les services de réparation, symbolisés par la camionnette jaune et bleue au cœur de notre vision stratégique. C'est devenu un atout indispensable pour atteindre nos objectifs en matière de RSE. C'est même devenu la pierre angulaire de l'avenir du groupe. Grâce au savoir-faire de Darty et à la relation de confiance que la marque a su tisser depuis des décennies avec les Français, nos réparateurs ont élargi leur clientèle : ils ne travaillent plus seulement pour les clients de l'enseigne mais aussi pour d'autres propriétaires de produits électroniques en panne, le plus souvent envoyés par des compagnies d'assurances et des partenaires qui ne disposent pas de ces compétences industrielles. Ce rôle social me rend particulièrement fier.

Associer réparation et abonnement nous a également semblé être une bonne idée pour entretenir le lien et répondre aux besoins de nos clients. En arrivant à la tête de Darty, je me suis posé la question : comment créer l'équivalent de la carte adhérent Fnac, qui totalise 8 millions de clients dans le monde ? Il n'était bien sûr pas question de copier le concept d'adhésion. Pour Darty, nous avons pensé qu'il fallait inventer une nouvelle offre de service. Le 29 octobre 2019, nous lancions Darty Max, un modèle unique de réparation sur abonnement. Pour 11,99 euros par mois, les abonnés peuvent faire réparer gratuitement leurs appareils, quelle que soit leur ancienneté, tant que les pièces détachées restent disponibles. Cette facilité apportée aux clients permet de prolonger significativement la durée de vie des appareils, notamment le gros électroménager, surtout les produits du quotidien comme les lave-linge, les lave-vaisselle ou les téléviseurs. Nous nous engageons à faire le diagnostic, à apporter une téléassistance mais également à remplacer des pièces défectueuses, avec l'intervention du réparateur à domicile en cas de besoin.

Darty Max, premier service de réparation illimitée en France, couvre déjà 12 millions de produits ! Le concept séduit les consommateurs puisque nous comptons déjà plus d'un million d'abonnés. Notre ambition est de parvenir rapidement à atteindre le chiffre symbolique de deux millions. Cette réponse massive des Français à notre proposition prouve que si les entreprises parviennent à créer les conditions d'accès à une économie plus responsable, les consommateurs suivent. La clé du succès de ce service, c'est sa simplicité et sa puissance avec le soutien des équipes de Darty, sur le terrain, qui prennent en charge tous nos abonnés, quelle que soit la complexité du problème à régler. Darty Max a réveillé l'intérêt de la profession. Innovation disruptive, elle incite à la réparation sans craindre de se ruiner.

Depuis, des programmes similaires aux nôtres ont vu le jour. Le gouvernement français, avec ses initiatives prises autour de la loi AGEC, s'est lui aussi rendu compte de l'importance de la réparation pour la réussite de la transition écologique. S'inspirant de notre initiative, il a lancé en 2022 un « bonus réparation » afin d'inciter les consommateurs à faire réparer leurs équipements plutôt que de les remplacer. Le premier frein à la réparation étant son coût, le gouvernement a souhaité s'y attaquer en fournissant une aide financière aux Français. Elle permet de bénéficier d'une réduction sur la facture de remise en état des produits électriques et électroniques grand public qui ne sont plus couverts par la garantie. Depuis le 1er janvier 2024, les pouvoirs publics doublent les montants initiaux des rabais pour les particuliers. La subvention passe ainsi de 30 à 60 euros pour un téléviseur, de 25 à 50 euros pour un lave-linge ou un lave-vaisselle, de 15 à 40 euros pour un aspirateur. L'objectif du bonus étatique ? Augmenter de 20 % le nombre de réparations et bien sûr allonger la durée de vie des appareils. Le textile est lui aussi concerné par la mesure gouvernementale : un remboursement de 10 à 25 euros est prévu pour recoudre l'ourlet d'une robe ou faire réaliser une nouvelle doublure sur un manteau par un artisan labellisé, agréé par l'État. Les efforts conjugués entre les pouvoirs publics et les entreprises créent les meilleures conditions pour faire naître une économie de la réparation, au-delà de l'effet bonus.

La limite de ce rouage essentiel de l'économie circulaire, c'est le manque de formations préparant à ces métiers-là. Le sujet est majeur. Il existait en France des filières techniques performantes financées par l'Éducation nationale, comme la MAE (maintenance de l'audiovisuel électronique) et la MAEMC (maintenance des appareils et équipements ménagers et de collectivité). Elles ont disparu. Selon moi, les pouvoirs publics ont sous-estimé les besoins sans prévoir le boom de la réparation. Alors, même si on peut encore trouver des cours spécialisés, ils ne répondent pas tout à fait à nos attentes. Trouver des techniciens compétents est devenu extrêmement difficile. Il existe en France près de 5 000 réparateurs, alors qu'il en faudrait 3 000 de plus. Pour pallier ce manque criant de spécialistes, nous avons dû nous-mêmes ouvrir des écoles spécialisées afin de former au métier de réparateur.

Ma génération, née dans les années 1970, a eu tendance, il faut bien le reconnaître, à dénigrer les métiers manuels et techniques, considérés comme insuffisamment nobles. C'était stupide ! Si nous voulons vivre différemment, il ne suffit pas de le vouloir sans rien faire et se contenter d'incantations. Il faut agir dès aujourd'hui. En plus, développer ce type d'enseignement permettrait l'intégration dans notre société de jeunes au parcours scolaire chahuté qui pourraient s'en sortir à travers une profession utile. C'est un défi pour toutes les entreprises. Je suis certain que la transition écologique peut créer des centaines de milliers d'emplois supplémentaires. Mais nous ne pouvons pas tout faire seuls. L'Éducation nationale doit nous aider et s'adapter à la nouvelle donne. Certes, des mesures ont déjà été mises en place comme l'alternance permettant de rapprocher les jeunes de l'entreprise. Mais c'est insuffisant et le temps presse.

Les expériences à travers le monde

Toutes les entreprises recherchent des solutions pour faire évoluer le commerce de demain et répondre aux nouveaux besoins des consommateurs. Certaines d'entre elles sont particulièrement avancées sur le chemin du développement durable et montrent la voie aux autres. Parmi elles, Patagonia est exemplaire. C'est un pionnier du développement durable et de la protection de l'environnement. Depuis 1973, date de la création de la société par Yvon Chouinard, un alpiniste idéaliste et visionnaire, elle a incité des générations à adopter un mode de vie respectueux de la planète. L'enseigne, militante, explique à tous ses clients les possibilités qui s'offrent à eux avant de remplacer leur veste usée. Mieux, elle décourage l'achat de nouveaux vêtements. « *Don't buy this jacket* », intime une de leurs rares publicités. Un comble pour un commerçant !

Mais chez cette enseigne prônant l'anti-consumérisme et l'anti-gaspillage, la posture éthique prime sur tout le reste. Patagonia a par exemple installé des ateliers de réparation de blousons de ski au cœur des stations de sport d'hiver. Elle a rendu désirable la durabilité des vêtements. « Nous existons pour sauver la planète », revendique la marque culte qui applique les quatre R de l'économie circulaire : réduire, réutiliser, réparer, recycler. En 2022, le fondateur a décidé de léguer toute sa fortune et son entreprise à la planète. « La Terre est maintenant notre seul actionnaire », a déclaré Yvon Chouinard, aujourd'hui octogénaire. Sa position inébranlable est plébiscitée par les consommateurs. La marque affiche depuis une croissance exponentielle et a multiplié par quatre ses ventes entre 2012 et 2022.

De son côté, Decathlon n'hésite pas à tenter de nouvelles expériences pour accélérer sa mue vers l'économie circulaire. En Belgique, l'enseigne teste par exemple un système d'abonnement à la Netflix : le client paie entre 20 et 80 euros par mois pour avoir le droit de louer tous les équipements de sport qu'il désire, vélo, tenue de plongée ou raquettes de tennis sans jamais les acheter. Une façon de privilégier l'usage à la propriété. L'initiative est audacieuse. Mais elle va dans le sens de l'histoire. « Il s'agit ici de l'économie de la fonctionnalité. On ne vend que l'accès au produit. C'est un vrai modèle de rupture », raconte Philippe Moati. Bien sûr, la clé du succès est la robustesse des produits prêtés. Ils doivent avoir une durée de vie la plus longue possible pour que le groupe gagne de l'argent. Selon les premiers retours, l'activité se révèle très rentable. Bien entendu, ce type d'abonnements nécessite un certain degré d'engagement de la marque et de gros moyens financiers. Tous les secteurs de l'industrie pourraient être concernés. De plus en plus de consommateurs privilégient l'usage à la propriété. Détenir un bien ne leur semble plus aussi nécessaire. Les entreprises devront s'y mettre pour accompagner les consommateurs dans leur mue.

Mesurer la durabilité des produits

Connaître parfaitement les produits est indispensable pour guider les Français vers une consommation plus durable. Les commerçants ont les moyens de mesurer leur durabilité grâce au retour d'expérience des clients après leurs achats. « Le service après-vente (SAV) est un joli poste d'observation de la fragilité des objets », analyse Philippe Moati. C'est en tout cas un bon moyen pour transformer l'industrie et éduquer les consommateurs. Grâce aux millions de données que nous avons conservées au fil des années, nous avons pu mettre au point des indicateurs inédits avec des informations essentielles pour faire son choix en magasins ou sur le Web. L'indice de réparabilité nous permet de proposer pour chaque produit une note fondée sur des statistiques fiables concernant la catégorie et le prix. Le gouvernement s'en est inspiré dans le cadre de la loi AGEC (anti-gaspillage pour une économie circulaire) pour créer, en 2021, un indice de durabilité. Il aide lui aussi les consommateurs à séparer le bon grain de l'ivraie lorsqu'ils achètent des smartphones, des lave-linge ou des téléviseurs. Attention, l'indice défini dans la loi Agec est juste déclaratif. La vérification et les comparaisons ne sont pas aisées. À nous de consolider nos indicateurs pour les rendre inattaquables.

Les labels « Le choix durable » accolés aux appareils vendus chez nous, qui affichent des taux de panne inférieurs à ceux des produits comparables, attirent de plus en plus les acheteurs. Nous constatons jour après jour que les clients sont devenus très sensibles à cette distinction puisqu'ils les sélectionnent toujours en priorité. Nous évaluons le niveau de réparabilité de plus de cent cinquante marques, avec un classement par catégorie. Nous avons constaté de manière extrêmement factuelle qu'il existait des produits fiables dans toutes les gammes de prix. C'est une bonne nouvelle pour le porte-monnaie du consommateur et c'est ce que nous souhaitons mettre en avant dans nos rayons. L'explication est simple : certaines marques privilégient la simplicité et la robustesse et renoncent au design et à l'innovation. Notre rôle est d'aider nos clients à faire le bon choix selon leurs besoins tout en restant très exigeants sur la qualité des produits que nous leur proposons.

Ce parti pris pourrait nous opposer aux industriels. Certaines marques, mal notées car moins préoccupées par le souci de durabilité, manifestent parfois leur mécontentement. Mais le souci de conserver leur réputation les pousse à accepter la critique et à investir. Nous n'inventons rien. Notre objectif est de faire évoluer la filière. Le score obtenu par les entreprises est le reflet fidèle de la réalité : certains fabricants ne travaillent pas suffisamment leurs séries et sont moins performants. À leur décharge, les appareils peuvent également tomber en panne en raison de la mauvaise utilisation de l'acheteur : mettre trop de lessive dans son lave-linge l'abîme ou omettre de détartrer sa machine à café peut précipiter sa fin. Ce type d'erreur concerne presque la moitié des cas. Ce n'est pas négligeable. Il faut faire preuve de beaucoup de pédagogie pour éduquer le consommateur pour éviter ce type d'incident.

Le distributeur responsable est celui qui s'efforce de faire évoluer les pratiques. J'estime que c'est notre devoir de nous battre pour la durabilité des appareils, quitte à entamer un bras de fer avec nos fournisseurs. Car une fois nos démarches responsables engagées et affichées, nous devons rendre des comptes à nos clients. Nous sommes dépositaires de leur confiance. Ils ont le droit de nous reprocher de continuer à vendre des produits non conformes à leurs nouvelles attentes. Les fabricants doivent absolument nous aider à améliorer la qualité des appareils. Je crois pouvoir dire que cette démarche a porté ses fruits et a permis de rendre plus fiables certains produits. Nous avons, par exemple, signalé un problème récurrent à une marque de réfrigérateur qui avait inventé un nouveau système de congélation provoquant des pannes à répétition. Nous les avons fait plancher sur cette anomalie et ils ont accepté de le faire. Si certains fabricants refusent nos remarques et ne changent rien, nous pouvons décider d'exclure le modèle incriminé de nos rayons. C'est plutôt rare car les industriels se rendent désormais compte qu'ils n'ont plus le choix : ils doivent améliorer la qualité de leur production et mieux préparer les consommateurs à l'usage des appareils.

Prolonger la vie des objets avec les pièces détachées

Nous avons besoin de l'appui des industriels pour rallonger la durée de vie des objets. Nous ne serions pas en mesure de les réparer si nous ne possédions pas les pièces détachées dont nous avons besoin. Depuis la loi Agec du 10 février 2020, les pouvoirs publics obligent les fabricants à garder les pièces détachées au moins deux ans, notamment pour le matériel informatique. Nous les encourageons à s'engager encore davantage et pour plus longtemps. S'ils ne le font pas, ils souffriront très vite de la comparaison avec d'autres entreprises plus conciliantes. Cette pression auprès de nos partenaires a déjà donné des résultats encourageants : nous avons réussi à persuader une partie d'entre eux de garder leurs pièces détachées plus de cinq ans, voire dix ans pour certaines. Cette avancée donne des garanties supplémentaires aux consommateurs : de cette façon, tous les produits acquis aujourd'hui pourront être réparés des années plus tard. Bien sûr, pour les fournisseurs, c'est un effort économique supplémentaire. Au début de nos discussions, il y avait entre nous une incompréhension doublée d'un refus de se plier à ces règles. Ils craignaient de perdre en compétitivité. Heureusement, peu à peu, ils ont compris l'intérêt de la mesure. La France est probablement le pays le plus avant-gardiste en ce qui concerne des pièces de rechange. Aujourd'hui, les groupes n'hésitent plus à surenchérir pour augmenter la durée de conservation de ces pièces indispensables. Plus personne ne veut être moins-disant et prendre du retard sur les autres. Electrolux, l'un des plus grands fabricants d'électroménager européen, vient par exemple de décider de conserver les pièces détachées pendant quinze ans à partir de 2024. Nous allons pouvoir réparer leurs produits jusqu'en 2040 !

Nous devons ne pas nous arrêter en si bon chemin et tirer parti de cet état d'esprit positif. Ces nouvelles pratiques doivent être généralisées à l'ensemble du territoire, avec une vraie exigence et de hautes ambitions. L'émulation observée depuis peu constitue de ce point de vue une grande avancée sur la route de la consommation durable. Même si l'équation reste compliquée pour les industriels : conserver des pièces détachées, c'est être pieds et poings liés pendant de longues années. Et contribuer à la réparation, c'est se priver de ventes sur les produits neufs. Un vrai crève-cœur pour les grands acteurs de l'économie.

Ces nouvelles charges font souvent grimper le coût de la fabrication, avec à la sortie des produits forcément plus chers à la vente. Les industriels doivent compenser ces pertes. La logique industrielle qui mène à une augmentation des prix peut se comprendre mais il faut faire attention.

Une flambée des prix serait contre-productive. Nous devons donc trouver un juste équilibre. Les consommateurs les plus aisés pourront, eux, accepter de payer plus cher pour des appareils dernier cri. L'essentiel est de continuer à avoir le choix. C'est pour moi primordial : la transition écologique ne doit pas exclure la population la plus modeste. Nous ne pouvons pas gagner notre pari sans elle.

Les enjeux du recyclage

Les industriels ont d'autres problèmes à affronter. L'envolée du cours des matières premières et l'obligation de réduire leur bilan carbone les mettent sous pression. Ils doivent également répondre aux interrogations concernant les lieux de production de leurs marchandises. Autrefois ce choix était conditionné au coût et à la capacité de fabrication. Aujourd'hui, d'autres critères de choix entrent en jeu comme l'impact environnemental ou l'indépendance de la chaîne d'approvisionnement. La globalisation telle que nous l'avons connue commence à montrer des signes de faiblesse. La relocalisation des usines est au centre de tous les débats aujourd'hui. Je souhaite, dans la mesure du possible, privilégier la production ou au moins l'assemblage des produits près de chez nous, ne serait-ce que pour bénéficier d'un recyclage de proximité et pour limiter le transport, pourvoyeur de carbone. C'est un des grands défis des dix prochaines années.

En Europe, par exemple, nous continuons à importer les matières premières. Puis, nous recyclons les produits que nous exportons pour les réutiliser. Il serait plus logique de regrouper la fabrication et le recyclage sur un même territoire. Le bilan carbone dû aux transports successifs diminuerait fortement. Le recyclage, c'est la destination finale, une étape importante dans la vie des objets. Il doit bien sûr intervenir le plus tard possible. Lorsque les appareils ne sont plus du tout en état de marche, il faut pourtant s'y résoudre. Des filières spécialisées ont récemment fait leur apparition pour aider les industriels et les distributeurs dans cette tâche compliquée. Mais nous le savons tous : au final, c'est le consommateur qui paie la facture. Lorsque nous achetons un produit, nous nous acquittons d'une taxe recyclage pour le transformer et le remettre à nouveau sur le marché. Appelée éco-contribution ou éco-participation, il s'agit d'un montant ajouté au prix de vente des équipements électroniques et électriques vendus en France. Le principe est de faire payer le producteur, responsable de l'introduction des produits venus de l'étranger.

Les limites du processus, ce sont les prix des matières recyclées qui augmentent eux aussi. Par exemple, l'aluminium recyclé se révèle plus onéreux que le neuf. Heureusement, la mentalité des fabricants évolue. Ils semblent désormais prêts à assumer ces coûts supplémentaires. Ils ne le font pas seulement par esprit de solidarité mais également parce qu'ils réalisent qu'afficher l'utilisation de matière recyclée peut créer la préférence chez le consommateur. Certains d'entre eux promettent qu'à l'horizon 2035-2040, ils utiliseront 100 % de plastique recyclé. C'est un objectif ambitieux mais réaliste. Selon un scénario optimiste envisagé par l'Ademe, 80 % de l'acier, de l'aluminium, du verre et des plastiques proviendront du recyclage d'ici à 2050.

Pour aider l'industrie, les investissements massifs sont indispensables. Je crois beaucoup aux progrès de la technologie pour récupérer les matières premières. L'eau est un bon exemple : des filières se sont développées pour la réutiliser dans de bonnes conditions. En Espagne, 10 % de l'eau est déjà traitée, contre seulement 1 % en France. Aujourd'hui, nous n'avons pas d'autre choix que d'améliorer nos performances. En France, le taux de recyclage des objets – 42 % – est nettement insuffisant. Nous devons faire beaucoup mieux. La vision d'appareils cassés et démantibulés jonchant le macadam des grandes villes n'est plus tolérable. Nous devons tous nous engager dans la voie du recyclage à outrance, la seule envisageable. Chez Fnac-Darty, nous recyclons 50 000 tonnes de produits par an. Nous nous sommes donné les moyens d'aller les récupérer chez nos clients puis de les valoriser, afin que ces objets inutilisables se retrouvent dans les bons circuits.

À l'inverse de la conception des années passées, où Ikea avait osé une publicité inconcevable aujourd'hui. « Votre lampe est cassée ? Venez chez nous pour vous en offrir une neuve » : l'affiche des années 2000 n'évoquait même pas la possibilité de réparer avant de racheter.

Aujourd'hui, l'enseigne suédoise a changé son message. C'est un bon exemple d'évolution positive. Lorsque les matières premières contenues dans les objets sont chères et valorisables, la pratique s'autofinance. Les cartons, le papier, le fer, le cuivre, l'aluminium ont une valeur intrinsèque. Elle donne du potentiel aux produits recyclés. Les spécialistes de la transformation peuvent en vivre, dégager des moyens pour réinvestir dans la technologie afin d'être encore plus efficace. C'est un cercle vertueux à encourager car il permet de consommer moins de ressources naturelles grâce à la prolongation de la vie des produits et de leur recyclage en fin de vie. La technologie peut nous aider à optimiser ces pratiques. Pour les Jeux olympiques et paralympiques 2024 de Paris, auxquels nous sommes particulièrement heureux de contribuer, nous nous sommes engagés à ce que 100 % des 25 000 produits d'électroménager que nous fournissons afin d'équiper les sites olympiques trouvent par la suite une deuxième vie, que ce soit grâce à la réparation, au reconditionnement, à la revente, au don ou au recyclage.

5

Vers un nouveau modèle vertueux

Les progrès observés depuis ces derniers temps sont encourageants mais restent nettement insuffisants si nous voulons être à la hauteur de l'enjeu. Nous devons rehausser notre niveau d'ambition. Nous n'y parviendrons que si nous repensons entièrement le modèle de société de demain. Il sera obligatoirement plus frugal, moins énergivore car nous restons encore très dépendants des énergies fossiles, malgré tous nos efforts. Les panneaux solaires, les voitures électriques et même les éoliennes nécessitent eux aussi l'utilisation des dérivés du pétrole.

J'en suis conscient, c'est un pari difficile à relever. La route peut être longue et parfois cabossée. Ce n'est pas une raison pour nous décourager et nous empêcher d'agir ici et maintenant en utilisant tous les moyens mis à notre disposition. L'important est d'entrer dans une nouvelle dynamique. La transition écologique ne doit pas devenir un sujet de division de la société française. Nous avons déjà suffisamment de raisons de nous opposer. La croissance a créé ces dernières années des inégalités. Je suis très sensible à cet aspect selon moi essentiel du combat pour la consommation durable. Nous devons prendre garde au phénomène de déclassement qui peut s'accélérer avec le ralentissement économique dans la zone euro, tel que nous l'avons déjà connu lors de la crise financière de 2008. Tout le contraire des périodes de forte croissance, en 1975 puis en 2015, qui ont favorisé l'amélioration de la vie des populations défavorisées et l'avènement d'une classe moyenne avide de consommation.

Certains d'entre nous peuvent avoir le sentiment de ne pas être concernés par la consommation durable. Or, les foyers qui ne s'engageront pas dans la démarche risquent de décrocher. C'est dangereux pour la société tout entière. Le fossé qui se creuserait entre les Français pourrait provoquer des réactions violentes menant à un radicalisme peu propice à la paix sociale. Nous devons tous nous mobiliser afin que personne ne soit exclu de ce mouvement. Écouter, avoir de l'empathie, mesurer à chaque étape de la transformation les effets pour les plus fragiles : ces actions éviteront que les laissés-pour-compte ne se tournent vers des positions extrémistes, antisystème ou négationnistes concernant le changement climatique.

À l'horizon 2040, les conséquences pour la planète peuvent considérablement varier selon nos choix de consommation. Ce futur relativement proche est entre nos mains. Je mets cependant en garde les impatients : nous devons être capables de déployer beaucoup d'énergie sans espérer de résultats rapides. Certains veulent croire que la technologie réglera tous les problèmes. Les plus passifs d'entre eux se proposeront d'attendre la manne bienfaitrice sans bousculer le moins du monde leurs habitudes. C'est un très mauvais calcul. Si nous continuons à tergiverser, il sera sans doute trop tard pour renverser la tendance. Nous devons agir sans perdre une minute avec les moyens dont nous disposons aujourd'hui, tout en continuant à investir dans la recherche. Les progrès améliorent notre vie comme dans le secteur médical : la recherche sur l'ARN messager, découvert par le public à l'occasion du vaccin contre le Covid, a ouvert la voie à de nouveaux traitements, notamment contre le cancer. Je ne crois pas non plus au miracle. Résoudre d'un seul coup la totalité des difficultés qui perturbent notre quotidien sera sans doute impossible. Mais nous devons continuer à avancer avec constance, tous ensemble, pour trouver des compromis. Nous devons persister sans jamais dévier de notre trajectoire ni réviser nos objectifs à la baisse. Autant se faire une raison : l'amélioration sera progressive. C'est mieux ainsi : je ne suis pas un partisan de la rupture. J'estime qu'un changement radical serait néfaste à notre vie en communauté.

Emprunter la troisième voie que je préconise va également conduire à casser les inerties, à se saisir des complexités créées par les nouvelles façons de travailler, de s'approvisionner, de vendre et d'acheter. J'ai conscience de travailler à l'émergence d'un nouveau modèle économique exigeant. L'avenir ne peut s'envisager autrement. Dans un futur relativement proche, nous allons devoir nous nourrir, nous déplacer, nous loger, nous chauffer et nous équiper de manière totalement différente. Il faudra faire preuve d'un certain pragmatisme pour y parvenir. Le plus simple serait de raisonner comme une famille face aux dépenses du ménage : comment, par exemple, tenir son budget lorsque les moyens économiques sont limités ? Quels sont les choix possibles ? Comment continuer à vivre confortablement avec des ressources déclinantes ? Nous sommes obligés de nous adapter pour consommer et utiliser l'énergie avec parcimonie. C'est le fondement du développement durable. Nous devrions sans doute un jour nous contenter du strict minimum. Cette ascèse qui exclut les achats plaisir semble peu réalisable dans une société encore fondée sur la profusion. L'hédonisme est toujours au cœur de la vie des Français. Pourtant, malgré ces freins puissants, j'ai la conviction que nous arriverons un jour à oublier les folies passées pour revenir aux fondamentaux. Nous devons trouver une vraie alternative.

Consommer selon ses besoins

Nul ne peut le nier : la société de consommation n'a pas encore dit son dernier mot. D'autant que les pays en développement génèrent des centaines de millions de nouveaux consommateurs pressés de dépenser leur argent. À l'inverse, en Europe, nous commençons à sentir la nécessité de modérer nos envies et de consommer moins. Ces derniers temps, le Covid, le dérèglement climatique, les guerres en Ukraine et au Proche-Orient, et la remise en question de la globalisation nous rappellent en permanence que nous avons changé d'univers. Ces événements qui s'enchaînent depuis près d'une décennie ont ébranlé nos certitudes et découragé notre course à l'avoir. Nous faisons davantage la part des choses entre l'essentiel et l'accessoire. Cette évolution inexorable n'empêchera pas de satisfaire l'ensemble des besoins des citoyens, même s'il faudra se restreindre davantage. Nous ne pouvons plus fermer les yeux sur les excès de la société de la satisfaction immédiate et du seul divertissement dont nous mesurons douloureusement les conséquences. Il est temps de prendre de nouvelles initiatives et de ramener les Français à la raison. La lutte contre l'addiction au tabac et ses effets funestes sur la qualité de vie prouve que des actions massives peuvent donner d'excellents résultats et accélérer la transformation. Le gouvernement a choisi d'affronter le puissant lobby de l'industrie du tabac en augmentant significativement le prix des paquets de cigarettes et en multipliant les campagnes de communication coup de poing pour décourager les fumeurs. Ces mesures ont permis d'inverser la tendance puisque la consommation de tabac est en baisse en Europe.

Par la force des choses, nous allons devoir nous aussi toucher au portefeuille pour réussir la transition écologique. Il ne faut pas se le cacher : certains produits deviendront inaccessibles à un grand nombre de consommateurs, au fur et à mesure de l'amenuisement des ressources.

Nous risquons de revenir à une société où seule l'élite aura accès à certains biens de consommation, comme pendant les périodes de crise ou de guerre. C'est une réalité que nous devons affronter. Les pouvoirs publics, accompagnés des industriels et des commerçants, doivent aider les Français à lutter contre cette réalité.

La manne des services

Nous n'avons peut-être pas une vision globale de la situation dans laquelle nous nous trouvons. Mais tout pousse à penser que nous avons tourné le dos à un univers stable, celui que décrivait Stefan Zweig dans *Le Monde d'hier*, son livre-testament commencé en 1939. L'écrivain autrichien y décrit avec nostalgie la relative quiétude des années 1910-1920, peu avant la guerre mondiale. Aujourd'hui, nous sommes de nouveau à un tournant de l'histoire de l'humanité, avec des remises en question parfois déchirantes dans un univers beaucoup plus complexe qu'au siècle dernier. Les commerçants de demain travaillent à l'émergence d'un nouveau modèle pour espérer surmonter les obstacles et survivre aux épreuves. Il sera majoritairement tourné vers le service. C'est une vraie révolution pour les distributeurs. Fnac-Darty a décidé de se lancer dans l'aventure en 2021, avec son plan Everyday. C'est pour nous un vrai changement de paradigme.

Je ne pense pas que relever ce défi audacieux va forcément dégrader notre compétitivité. Mais il faut bien réfléchir aux conséquences de notre décision stratégique et prendre soin de ne pas nous mettre en danger. Avec Darty, nous avons beaucoup appris. J'ai tout de suite été séduit par la force du modèle qui s'est perfectionné au cours du temps. Inspirés par les méthodes de ce connaisseur hors pair des articles d'électroménager et d'électronique, nous avons embarqué nos équipes et nos partenaires dans la construction d'un modèle porté à la fois par la vente de produits et le fait de pouvoir opérer des services. C'était selon moi la meilleure solution pour devenir un acteur majeur de l'économie circulaire.

Le groupe a donc accéléré sa démarche. Nous n'avons pas fait semblant d'agir ni été tentés par le *greenwashing*, cette pratique consistant à utiliser l'argument écologique de manière trompeuse afin de ne pas prêter le flanc à la critique et duper plus ou moins habilement le consommateur. C'est, selon moi, une attitude défensive : les groupes qui le pratiquent subissent le plus souvent des pressions de la part d'actionnaires qui ont les yeux rivés sur le cours de la Bourse. Ces entreprises sous pression prennent leurs décisions sans réelle volonté de faire bouger les choses. Notre démarche se veut beaucoup plus positive, durable et collective : nous voulons utiliser tous les leviers possibles pour nous transformer autour de l'économie responsable. C'est un travail de longue haleine.

Nous nous engageons à encourager nos clients à consommer mieux et moins s'il le faut. Un commerçant qui contribue à restreindre ses ventes ? C'était jusqu'ici inimaginable. Nous évoluons comme beaucoup de groupes de distribution, conscients eux aussi de l'urgence à se réformer. Bien sûr, aucun d'entre nous ne prendra de risques inconsidérés. C'est pourquoi nous proposons une alternative solide et structurée. L'ambition du groupe est de devenir le leader des services d'assistance à la maison. Auparavant, la vente constituait l'activité principale des distributeurs tandis que le service accompagnant l'achat restait secondaire. Aujourd'hui, c'est (presque) le contraire. Une société tournée vers le service permet une plus grande fidélisation et un accompagnement personnalisé des clients.

Après avoir accompli notre transition vers l'économie de l'abonnement, nous voulons participer encore plus activement à la vie des Français : grâce à notre savoir-faire, nous pourrions par exemple aider les consommateurs à améliorer la performance énergétique d'un nombre croissant de leurs équipements ménagers et optimiser l'usage des appareils. Ce vaste territoire des services aux particuliers reste encore à explorer. Je suis persuadé que c'est l'avenir du commerce, légitime dans son rôle de facilitateur. Il y a de la place pour tout le monde. Évidemment, le changement ne se fera pas sans la complicité des industriels et de leur engagement actif. C'est la condition *sine qua non* pour gagner le pari. Certains fabricants ont déjà une vision proche de la nôtre et peuvent proposer eux aussi des services aux acheteurs de leurs produits. Le géant de l'informatique Hewlett-Packard tente de nouer des liens précieux avec ses clients en offrant plusieurs abonnements, notamment pour recevoir des cartouches d'encre destinées aux imprimantes de la marque au fur et à mesure de l'utilisation des machines. Cette relation doit être dûment entretenue.

Cette économie des services représente l'avenir pour la plupart des entreprises. Les commerçants qui entreprennent la démarche vont très vite devenir indispensables à la vie des Français. Au point de faire presque partie de leur foyer, un peu à l'image des employés de La Poste autrefois. L'assistance ne se limitera pas aux jours qui suivent l'achat en magasin ou sur les sites marchands. Elle pourrait se poursuivre tout au long de la vie des objets. Nous pourrions jouer le rôle essentiel de conseil à domicile. En Europe du Nord et aux États-Unis, un marché de l'accompagnement des acheteurs au quotidien fonctionne déjà depuis quelques années. Les consommateurs sont-ils prêts à payer ce type de service ? *A priori*, ce n'est pas évident. Pour le moment, ils préfèrent continuer à avoir recours au système D. Mais plus les appareils gagneront en complexité, plus ils seront contraints de se tourner vers de vrais spécialistes, notamment pour maîtriser le coût de l'énergie, ressource de plus en plus rare. Pour vaincre les dernières réticences et les inciter à sauter le pas, nous pourrions par exemple panacher les services payants et les prestations gratuites. Cela nous permettrait de pérenniser les relations avec nos clients. C'est sûr, leur mode de vie actuel devra évoluer. Mais cela va dans le sens du consommateur qui exige de plus en plus d'accompagnement. En faisant appel aux offres de service liées à leurs appareils, les consommateurs s'apercevront qu'ils peuvent être gagnants et faire finalement des économies. J'en suis certain : dans un avenir proche, nous allons devenir incontournables et élargir la gamme de notre savoir-faire pour répondre à toutes les demandes possibles.

Ce grand mouvement de transformation ne s'arrêtera plus. C'est un chemin sans retour. De toute façon, le réchauffement climatique risque de s'accélérer, même si nous réussissons à contenir sa course folle grâce à nos actions conjuguées. Je ne crois pas à une amélioration de la situation qui pourrait nous épargner tous les efforts à fournir. L'inflation, qui incite aujourd'hui les Français à la prudence voire à la déconsommation, finira par être jugulée. Mais rien ne sera plus comme avant. L'expansion telle que nous l'avons connue à la fin du XXe siècle semble bel et bien derrière nous. Alors, après la période intense de mondialisation, nous allons devoir revenir au régional, au local, à la proximité. Les Français redécouvrent avec délice ces valeurs d'antan. C'est selon moi l'occasion rêvée pour repenser toute la chaîne de valeur et reconstruire un nouveau monde en tenant compte des défis énergétiques et écologiques. Le nouveau modèle, une fois rodé, va créer de belles opportunités et de nouvelles pratiques vertueuses. Selon une étude récente, 450 000 emplois supplémentaires en lien avec la transition écologique verront le jour d'ici à une dizaine d'années. La société de services vers laquelle nous nous dirigeons permettra une croissance plus lente mais également plus solide. Nous y sommes prêts.

6

Mes solutions pour accélérer la transformation

Je crois fermement en une troisième voie, plus vertueuse, moins radicale, aussi éloignée de l'hyperconsommation que de la déconsommation. Elle offre des perspectives désirables et mobilisatrices, loin des discours punitifs ou apocalyptiques des activistes survivalistes et autres écologistes extrémistes. Je ne suis pas naïf. Je sais bien que cette transition peut prendre un certain temps. Mais nous ne faisons pas de surplace. Les choses avancent. Lorsqu'on mesure les progrès effectués en à peine quelques années, on peut estimer, à certains égards, que la transition écologique est déjà engagée de fait. Nous enregistrons des signes encourageants. Par exemple, toutes les initiatives pour contrôler la circulation automobile dans les villes laissent présager des changements positifs. Paris est devenu par exemple la capitale de toutes les mobilités. Combien de vélos, de trottinettes et de scooters électriques apercevait-on dans les rues de la capitale voilà seulement dix ans ? Qui aurait imaginé un tel bouleversement dans une ville aussi dense et complexe ? Aujourd'hui, les expériences de ce type se multiplient partout en France. Le mouvement s'accélère.

Mais pour réussir ce changement, le commerce traditionnel a besoin d'évoluer dans un contexte concurrentiel équitable. La création d'un cadre légal est indispensable pour encourager le changement et pénaliser les récalcitrants. L'important est d'éviter un écart de compétitivité entre les entreprises les plus vertueuses et les groupes les moins rigoureux. Il n'est pas juste de soumettre les acteurs locaux à des règles strictes alors que les tenants de la nouvelle économie y échappent. Les règles du jeu devront être clairement définies et beaucoup plus contraignantes qu'aujourd'hui. Les pouvoirs publics doivent tenir compte de l'environnement mondial pour édicter de nouvelles lois.

Dans un marché de libre-échange, cela ne sert à rien d'encadrer les pratiques en France si tous les pays qui nous entourent peuvent importer des produits ni durables ni responsables. Cessons d'être naïfs ! Nous avons créé un espace unique d'échange de biens et de personnes, nous devons être capables de faire respecter le cadre juridique européen à l'ensemble des citoyens et des entreprises. L'enjeu est d'éviter de fragiliser notre tissu industriel. Nous avons besoin de mesures protectrices efficaces avant de multiplier les initiatives en faveur de la consommation durable. Sans tomber dans l'excès du protectionnisme économique, qui pourrait avoir des conséquences sur la compétitivité de nos entreprises, nous devons garantir l'égalité de traitement entre les entreprises françaises et étrangères.

La révolution numérique, les *pure players* et la concurrence déloyale

Nous vivons une situation inédite. Les distributeurs traditionnels se sont toujours appuyés sur une assise nationale forte, avec des emplois locaux et un cadre réglementaire globalement respecté. Ce n'est plus le cas. La révolution numérique a fait émerger ces dernières années des acteurs mondiaux très puissants. Ces géants extraeuropéens du commerce en ligne, qui ont développé de nouveaux modèles économiques extrêmement efficaces, ne sont pas soumis aux règles de concurrence classiques régissant depuis toujours la vie du commerce en France. Ces *pure players* américains ou asiatiques ont débarqué sur notre territoire voilà plus d'une décennie avec des méga-plateformes, comme Amazon et Alibaba, Shein, Temu et bien d'autres. Elles se sont affranchies sans complexe des contraintes locales, en installant leurs sièges sociaux dans les pays les plus accueillants sur le plan économique. À partir de ces paradis fiscaux, elles n'ont aucun mal à distribuer leurs produits à bas prix partout en Europe. Profiter pleinement de l'harmonisation du marché unique sans respecter ses règles ni être prêts à en payer le prix n'est pas équitable. Chaque fois que je vois circuler des camions aux logos bien reconnaissables sur le périphérique parisien, je me fais toujours la même réflexion : ces plateformes utilisent volontiers nos infrastructures mais ne veulent pas contribuer à leur financement. Elles préfèrent faire de l'ultra-optimisation fiscale.

C'est la première fois dans l'histoire du commerce que l'on assiste à une offensive aussi massive de la part de géants mondiaux. Nous sommes désarmés face à un tel assaut. Comment pouvons-nous continuer à investir et à innover dans une situation de concurrence aussi tronquée ? Je ne fais pas d'angélisme. Nous avons changé d'époque. La révolution numérique a bouleversé le monde en à peine quelques années. Nous nous sommes adaptés sans rechigner. Le seul problème est que le e-commerce se concentre entre les mains d'une poignée d'acteurs extrêmement puissants, tandis que le commerce physique reste éparpillé et fragmenté. Par ignorance ou indulgence, nous avons laissé s'installer un écosystème où les multinationales du Web profitent des failles juridiques pour imposer leurs règles et écraser la concurrence.

« *The winner takes it all* », scandait le groupe suédois ABBA dans les années 1980. La chanson reflète la réalité : les plateformes ont réussi à créer des conditions de fonctionnement optimales qui leur permettent de rafler la mise. C'est un rouleau compresseur. L'injustice est d'autant plus criante que certains de ces sites marchands n'affichent aucune ambition environnementale et n'envisagent pas davantage de changer un tant soit peu leurs méthodes pour accompagner la transition écologique. Ils continuent à miser sur la simplification de la relation client, la rapidité de la livraison et la standardisation de la consommation. Ces sociétés se sont développées grâce à des moyens financiers impressionnants qui rendent la compétition presque impossible.

Amazon a par exemple investi plus de deux milliards d'euros pour se constituer en France un maillage hors pair lui permettant d'écouler au plus vite ses millions d'objets proposés en ligne. L'objectif est de provoquer des mécanismes d'achats irréfléchis menant souvent à la surconsommation : avec une livraison illimitée le plus souvent gratuite, la tentation est grande pour le consommateur de céder au moindre de ses caprices. Quitte à le regretter par la suite.

Ces incitations ne constituent pas une attitude responsable. Dans la panique, beaucoup de commerçants traditionnels ont tenté de copier ce modèle. Sans jamais y parvenir tout à fait. Agir dans la précipitation n'est pas la solution. Surjouer l'ultra-rapidité ou l'ultra-choix n'est pas non plus la meilleure option. De toute façon, compte tenu de leurs moyens illimités et des failles réglementaires qui profitent à nos concurrents, nous ne pourrions en aucun cas l'emporter. D'autant plus qu'en matière d'écologie, ces néo-commerçants ont toute latitude pour agir comme bon leur semble. En revanche, les distributeurs français ne peuvent pas s'affranchir de leurs responsabilités. Ils doivent évoluer à l'intérieur d'un cadre juridique beaucoup plus exigeant. Respecter la loi est une chose, accepter l'inégalité de traitement en est une autre. C'est intolérable. Il est temps de mettre le holà à ces exceptions scandaleuses. Nous devons nous dépêcher d'agir car le pire est à venir. Amazon et les autres grosses plateformes étrangères ont déjà gagné de grosses parts de marché, arrachant le leadership dans la plupart des secteurs.

Lorsqu'ils se sont installés en Europe au début des années 2000, l'économie européenne était encore florissante. L'essor du marché numérique laissait espérer un développement infini, avec de nouvelles opportunités. Aujourd'hui, la donne a changé : la croissance est plus faible et les ventes baissent dangereusement. Les conséquences de la concurrence déloyale pourraient cette fois-ci se révéler fatales pour les entreprises traditionnelles. Certaines pourraient tout simplement disparaître. D'autres pourraient être contraintes de rabattre leurs prétentions écologiques pour s'en sortir. Or, notre transformation suppose de lourds investissements. Il est inconcevable que nous soyons les seuls à prendre part au financement du développement durable. Tandis que le régime d'exception dont bénéficient les géants du numérique ne fait que conforter leur position dominante. Portés par leur avance technologique, leur statut international et le soutien du cloud, ils peuvent financer leurs pertes sans trop de dommages. Certes, les pouvoirs publics ont réagi pour limiter les ambitions de ces nouveaux entrants, en édictant des lois sur la vente à perte, sur la vente de livres et en exerçant davantage de contrôles sur les sociétés. Malheureusement, ces normes s'imposent davantage au commerce physique tandis que les *pure players* étrangers continuent d'évoluer rapidement…

Le rôle des pouvoirs publics

Les pouvoirs publics ne peuvent plus tergiverser. Ils doivent désormais contraindre ces plateformes à respecter dans leur intégralité les règles des pays dans lesquels elles s'installent, les enjoindre à arrêter le dumping économique et l'évitement fiscal. Je le dis tout net : l'optimisation fiscale n'est plus acceptable. Elle n'est peut-être pas illégale. En revanche, elle est totalement immorale. L'Europe, qui a créé la libre circulation des personnes et des marchandises, doit se protéger davantage et récupérer les taxes qui lui sont confisquées par des tours de passe-passe. Acteur français du commerce engagé et citoyen européen, je m'inquiète de voir ces groupes profiter d'un système social avantageux sans participer au développement du pays. Certes, les choses commencent à bouger. Mais je trouve que les avancées restent timides et définitivement insuffisantes. Les États doivent aller plus vite et frapper plus fort. Et ce, même si ces entreprises américaines ou asiatiques possèdent des moyens financiers et juridiques leur permettant, au moins en théorie, de traiter d'égal à égal avec les pays où elles s'installent. Il suffirait pourtant de prendre quelques mesures bien ciblées pour restaurer une concurrence équitable nous permettant de lutter avec les mêmes armes que nos adversaires et de poursuivre sans arrière-pensées notre quête de durabilité.

Pour être équitable, la taxation devrait s'appliquer de la même manière à l'ensemble des entreprises opérant sur le marché français. C'est la condition préalable à une concurrence saine. Or, ces sites contournent leurs obligations de payer l'impôt sur les sociétés. Amazon, qui a installé son siège social européen au Luxembourg où les taux de prélèvement sont parmi les plus bas d'Europe, échappe par exemple à cet impôt. Pendant ce temps, la plupart des distributeurs français doivent céder près de 40 % de leurs bénéfices à l'État. Si nous avions pu nous abstenir comme lui de débourser de telles sommes, nous aurions encore plus investi pour davantage progresser sur le chemin de la transformation numérique et de la consommation durable. L'Europe doit absolument harmoniser la fiscalité au sein de notre espace de libre-échange. C'est primordial, d'autant plus que la situation actuelle constitue une puissante incitation à délocaliser.

Si la législation n'évolue pas, les entreprises françaises à l'actionnariat majoritairement étranger pourraient à leur tour décider de déménager et d'installer leur siège dans un pays de l'Union européenne plus accueillant du point de vue fiscal. C'est déjà le cas pour un certain nombre d'entre elles. L'enjeu est primordial pour les finances publiques de nos pays. Dans ce domaine, les choses commencent à évoluer. Un certain nombre de distorsions ont déjà été corrigées. Notamment au niveau des taxes indirectes. Auparavant, les plateformes profitaient d'une zone de non-droit : les e-marchands vendaient tranquillement leurs objets sous bannière étrangère, échappant à la TVA mise en place par les pays européens. La France laissait filer alors plus de deux milliards d'euros de taxes par an. Sous la pression des grands groupes historiques, le législateur a comblé en partie le vide juridique. Nous avons été nombreux à alerter Bercy. Le ministère français de l'Économie et des Finances a finalement promulgué une loi obligeant les sites étrangers à reverser la TVA. L'Union européenne a adopté elle aussi une réglementation dans ce sens. C'est un bon début. Je me souviens encore du jour où nous avons abordé pour la première fois le sujet : le ministre du Budget de l'époque n'avait pas ce dossier sur le dessus de sa pile mais a tout de suite saisi son importance et fait plancher ses équipes sur ce dossier épineux. Un exemple édifiant du rôle des acteurs locaux engagés pour faire évoluer les normes dans notre pays.

Alléger la charge des commerces physiques

Commerçant dans l'âme, je suis convaincu de l'importance des magasins physiques dans l'accompagnement des consommateurs sur la voie de l'écologie. Rien ne remplacera jamais les échanges dans des lieux de vie chaleureux avec des vendeurs disponibles pour expliquer le fonctionnement des appareils et les enjeux environnementaux. Pour que ce type de relations perdure encore longtemps, je demande aux pouvoirs publics d'instaurer une fiscalité plus équitable entre les commerçants traditionnels et les acteurs du numérique.

Aujourd'hui, le commerce physique croule sous les taxes locales, en particulier foncières. La forte augmentation de l'indice des loyers commerciaux (ILC) nous pénalise durement et nous empêche de nous projeter dans l'avenir autant que nous le désirons. Ces charges accentuent le déséquilibre avec les *pure players*. Dans de nombreux pays où les commerçants n'offrent pas un niveau de qualité suffisant et ne possèdent pas les moyens nécessaires pour résister, cette situation provoque de terribles conséquences pour le secteur. Je demande donc aux pouvoirs publics d'élaborer une règle de calcul plus juste. Ils devraient également réformer les lois en matière de fiscalité des multinationales, notamment en instaurant un lien plus étroit entre le lieu d'imposition et celui de la création de valeur.

La même réflexion avait été menée en 2019 concernant la taxe GAFA (taxe sur les services numériques). Elle a fait ses preuves. Faute d'une mesure similaire, je propose d'exiger des plateformes étrangères d'établir un siège social dans chaque pays où elles exercent des activités. En France, les impôts ainsi collectés pourraient être réinvestis dans l'économie, au service du citoyen et afin d'accélérer la transition écologique.

Harmoniser la réglementation des données personnelles

En 2018, l'Europe a décidé de protéger les consommateurs en édictant la réglementation générale sur la protection des données (RGPD). Ce texte très strict contient nombre de limitations et de contraintes forçant les commerçants à prendre de nombreuses précautions avant la transaction. Le consentement et la récupération des données répondent à un cadre extrêmement complexe. Or, les acteurs du numérique opérant sur le marché français ne sont pas soumis au même régime. Ces distorsions de concurrence sont nées d'interprétations divergentes du texte d'un pays à l'autre. Je me souviens d'une rencontre avec la présidente de la CNIL (Commission nationale de l'informatique et des libertés) en 2017 : elle nous avait garanti que le Luxembourg allait réussir à faire appliquer les critères en cours dans le reste de l'Europe. Prenons un exemple : les commerçants français n'ont pas le droit de conserver les données bancaires après l'achat de l'internaute, contrairement à Amazon et consorts qui, pendant de longues années, ont échappé à cette obligation. La situation a pénalisé notre activité. Nous avons enregistré des taux de transformation en baisse et un trafic moins fluide qu'auparavant parce que les renseignements à fournir à chaque commande pouvaient décourager les acheteurs impatients. Il a fallu plus de quatre ans pour que l'harmonisation soit effective et que les plateformes extra-européennes soient soumises aux mêmes règles que les acteurs français. Parmi les mesures les plus pénalisantes figurent également les restrictions sur la collecte des données au moment de l'achat. La norme de sécurité DSP2 sur les paiements en ligne impose aux entreprises européennes une authentification du client en plusieurs étapes, avec des demandes d'autorisations obligatoires qui ralentissent la transaction. La mesure a été conçue pour éviter que le consommateur conclue sa transaction sans avoir pleinement conscience de son acte. C'est une mesure respectable. Mais elle ne s'applique pas à tout le monde : les achats effectués sur les plateformes étrangères échappent à la règle. Ils se font, eux, en un seul clic, sans jamais passer par la case autorisation bancaire. Cette simplification du paiement représente pour les e-commerçants extraeuropéens un avantage concurrentiel certain.

Les commerçants hexagonaux subissent, de la part de la CNIL, un niveau d'exigence et de sanction désormais indexé sur les GAFAM, alors qu'ils n'ont ni les mêmes pratiques, ni les mêmes ressources. Ces inégalités doivent prendre fin rapidement si nous voulons conserver notre modèle social et poursuivre notre trajectoire vertueuse. Arrêtons d'accepter les distorsions de concurrence.

Une fois levés la plupart des obstacles réglementaires contraignants et stoppée la concurrence déloyale nous pourrons alors entièrement nous consacrer à la transition écologique, en agissant sur l'ensemble de la chaîne, de l'industriel au consommateur final en passant par le distributeur. Je le dis et le répète : la transformation que nous appelons de nos vœux sera verte ou ne sera pas. Nous avons à notre disposition un éventail de mesures favorisant le changement. J'ai beaucoup réfléchi aux moyens à mettre en œuvre pour emprunter la voie vers l'économie responsable. Je propose aujourd'hui une série de recommandations. Ces mesures pourraient permettre de répondre aux enjeux économiques et sociaux. C'est un défi démocratique. Plusieurs d'entre elles devraient être déployées sans tarder.

Repenser les temps commerciaux

S'il existe une pratique anachronique, inadaptée au monde d'aujourd'hui, c'est bien la fixation des périodes de soldes. Ces temps réglementés de réductions de prix datent d'une époque révolue où les soldes étaient rythmées par les saisons et par les collections bisannuelles adaptées à des cycles longs. La révolution numérique a mis en pièces ce bel édifice. Chaque année, de nouveaux rendez-vous promotionnels orchestrés par les grandes plateformes apparaissent, au risque de banaliser la pratique des rabais. L'activisme de certains distributeurs sans scrupule pourrait déstabiliser le commerce dans son ensemble.

Aujourd'hui, nous devons redéfinir de nouveaux modes de fonctionnement afin de gagner en compétitivité face aux e-commerces. Les soldes deux fois par an à l'entrée de l'hiver et à la fin du printemps, c'est dépassé ! Les commerçants doivent désormais tenir compte des nouvelles habitudes de consommation. De la même façon, la restriction des horaires d'ouverture des magasins physiques nous désavantage clairement. Sur les sites de e-commerce, il nous est possible d'acheter vingt-quatre heures sur vingt-quatre, en pleine nuit si le cœur nous en dit ou durant les jours fériés. Beaucoup d'internautes en profitent pour faire leurs courses le soir tard ou le dimanche. Nous voulons faire tomber toutes les barrières nous empêchant d'offrir les mêmes possibilités. Les consommateurs doivent avoir le choix entre les différents commerçants sans renoncer aux magasins traditionnels à cause d'horaires d'ouverture limités.

Je propose donc de structurer autrement les temps commerciaux pour mieux les répartir tout au long de l'année. Par exemple, les périodes de promotion pourraient être raisonnablement multipliées par deux, à condition de s'imposer à tous les distributeurs, *pure players* compris. Il faudrait également faire appliquer la loi Macron de 2015 sur l'ouverture dominicale. La possibilité de vendre dans nos magasins le dimanche reste encore très limitée. Par exemple, nous n'avons pas l'autorisation de rester ouverts le week-end du Black Friday. Or, ce rendez-vous importé des États-Unis est devenu incontournable en France. De plus en plus de familles en profitent pour acheter leurs cadeaux de Noël ou pour remplacer leur lave-linge ou leur réfrigérateur défaillant à moindres frais. Ces revendications ne me semblent pas contradictoires avec la volonté d'en finir avec l'hyperconsommation. Les périodes exceptionnelles comme la fin d'année sont toujours des temps forts de consommation. Les Français ne s'y trompent pas et se saisissent le plus souvent de l'occasion pour s'offrir des appareils ou des vêtements dont ils ont réellement besoin mais qu'ils ont du mal à se payer en temps ordinaire. Et puis, au fond, c'est l'offre qui fait la différence : un produit écologiquement responsable vendu pendant une période promotionnelle reste vertueux.

Mettre la RSE au sein du *business model* des entreprises

La RSE (responsabilité sociétale des entreprises) a longtemps été vécue comme une contrainte par les entreprises. Aujourd'hui, elles ont pris la pleine mesure de ces sujets fondamentaux autrefois délaissés, voire discrédités. Récemment, de passage en Corée pour rencontrer un de nos partenaires, j'ai passé la journée à discuter de ces sujets avec les équipes d'experts de la marque dans le but d'améliorer la performance énergétique de leurs produits. Ils m'ont écouté et ont décidé d'améliorer leur processus de fabrication. Lorsque nous le pouvons, agir devient une obligation morale. Je suis peut-être un rêveur, un optimiste invétéré mais je crois en la nature humaine, en la technologie et en notre capacité à nous mobiliser pour changer la donne. Il ne faut surtout pas tomber dans le désespoir qui nous cloue sur place et nous empêche d'avancer. J'en suis conscient : les défis à relever restent considérables. Mais nous devons accélérer notre démarche et entraîner tous les industriels dans cette voie pour faire avancer notre cause commune.

Nos efforts ont déjà payé. En très peu de temps, nous avons réussi à établir de nouvelles règles. Aujourd'hui, les *reporting* extrafinanciers et les rapports de développement durable sont suivis de près par les acteurs de l'économie, au même titre que les résultats financiers. Nos métiers et notre façon de travailler vont inévitablement évoluer. S'y adapter est le défi de notre génération. Nous ne serons plus jamais dans le même paradigme. Je ne crois pas au retour vers le monde d'avant : refaire le chemin inverse est inenvisageable. Pour décourager les tentatives de renouer avec un passé révolu en évitant la déconsommation et ses caricatures ou l'hyperconsommation et ses débordements, nous devons tracer une nouvelle voie plus équilibrée. Le but est de continuer à utiliser ce qui nous rend la vie plus supportable et de se passer des objets inutiles et de mauvaise qualité. Cela entraînera des changements auxquels nous devons préparer les Français. Cette mission doit devenir notre unique préoccupation. La transformation sera considérable. Fort heureusement, à l'aide de la technologie, nous allons continuer à innover pour faciliter le passage à l'économie verte sans perdre d'argent ni de parts de marché. L'innovation va par exemple permettre d'optimiser les ressources hydriques, de nous convertir plus facilement au solaire ou à l'hydrogène. Autant de nouvelles ressources qui émergent pour nous fournir l'énergie essentielle à la vie. L'autre solution envisagée pour régler le problème consisterait à nous arrêter de consommer pendant les vingt prochaines années afin de nous autoriser à vivre à nouveau pleinement après. Cette option radicale n'est pas acceptable. Nous devons au contraire donner de l'espoir aux consommateurs et les accompagner vers un monde plus responsable. Je suis persuadé que c'est possible même si je suis conscient des difficultés et des risques encourus. Mais si chacun agit à son niveau, nous y arriverons.

Heureusement, depuis quelques années, les groupes ne sont plus seulement jugés sur leur chiffre d'affaires et leur compte de résultat, mais aussi sur leurs efforts en faveur de l'écologie et sur la réduction de leur bilan carbone. La prise de conscience est récente mais réelle. La plupart d'entre nous en avons conclu qu'il fallait placer la RSE au cœur de notre stratégie. Elle ne doit plus être seulement considérée comme une obligation légale mais également comme une réelle opportunité pour avancer sur la voie du développement durable. Elle fait désormais partie intégrante du *business model*. Aujourd'hui, les entreprises cotées revendiquent haut et fort ces missions d'engagement et de responsabilité, avec un souci de transparence et de cohérence. En revanche, certains industriels se contentent de promettre une réduction de leur impact carbone à plus ou moins longue échéance en agissant uniquement sur leur logistique et leur transport. Mais ils omettent de comptabiliser les émissions indirectes, liées notamment à l'énergie. L'économie affichée est trompeuse : ils peuvent ainsi afficher un bilan carbone neutre sans prendre en compte la totalité de leur impact au niveau sociétal. Ce n'est pas suffisant. Chez Fnac-Darty, l'impact direct ne constitue que 10 à 20 % du total du bilan, le reste dépend de la manière d'utiliser les appareils que nous vendons. Mais nous avons l'ambition de réduire de moitié nos émissions globales de gaz à effet de serre d'ici à 2030. Pour y parvenir, nous devons réussir à pousser nos clients à limiter eux aussi leurs émissions. Je considère qu'éduquer les consommateurs est une de nos missions sacrées. La politique RSE ne concerne pas uniquement la transition écologique. Elle est également la garante de notre éthique dans les affaires, de l'intégration et le respect du client et des collaborateurs. Nous avons par exemple engagé une réflexion sur la qualité de vie au travail et sur l'inclusion des personnes handicapées.

Nous ne sommes pas les seuls à agir sans attendre. D'autres groupes avancent également à grands pas. Kering, groupe dirigé par François-Henri Pinault, s'est préoccupé très tôt de la transition écologique. Il a par exemple financé en 2009 *Home*, le documentaire de Yann Arthus-Bertrand, qui montre la pression de l'homme sur l'environnement et ses conséquences sur le climat. Conscient des enjeux, Kering s'est engagé à réduire ses émissions de gaz à effet de serre de 40 % d'ici à 2035. Il a fait le choix de mettre le développement durable au cœur de sa stratégie afin d'imaginer un luxe responsable avec des tissus durables et de nouvelles pratiques. Dans ce secteur porteur, où les leaders sont français et enregistrent des résultats financiers le plus souvent époustouflants, les entreprises pourraient s'abstenir de miser sur le développement durable. Ce n'est pas le cas.

Le numéro un mondial du luxe, le français LVMH, a également élaboré une stratégie pour réduire son empreinte carbone, avec l'objectif de la diminuer de 30 % d'ici à 2025, d'améliorer son efficacité énergétique dans tous ses sites de production et d'utiliser des matières premières recyclables. La plupart des entreprises françaises affichent en 2024 de fortes ambitions dans ce domaine. Elles participent à la prise de conscience collective au moins autant que les pays eux-mêmes.

Pour encourager cette dynamique et compenser les coûts générés par la politique RSE, des leviers fiscaux pourraient être actionnés. Je propose par exemple d'ouvrir le bénéfice du crédit impôt recherche (CIR) à d'autres sujets que la recherche & développement et de l'étendre aux entreprises investissant dans la transition écologique. Celles qui changeraient par exemple leur système de production, voire leur éclairage et leur chauffage dans le sens de l'écologie pourraient en bénéficier. Le suramortissement constitue également un outil fiscal pour accélérer la mue des entreprises.

Instaurer une taxe carbone aux frontières de l'Europe

Comment financer la transition écologique ? Faut-il utiliser nos impôts ou taxer les produits à la vente ? Je pense qu'il est préférable de faire payer ceux qui consomment. Cette solution commence à faire son chemin. Elle existe déjà pour l'importation des matières premières. Une entreprise française qui importe de l'aluminium doit s'acquitter d'une taxe carbone à la frontière. En revanche, ce n'est plus le cas lorsqu'un industriel produit en Chine et rapatrie par la suite son produit fini en France : lui ne paiera pas de taxe. C'est un drôle de paradoxe ! Marquer ainsi une différence entre l'importation de matière première et la fabrication elle-même est une anomalie qu'il faut corriger. Sinon, les fournisseurs continueront à produire en Asie du Sud-Est. Pour mettre fin à cette situation absurde, il faudrait inciter les entreprises européennes à relocaliser afin de rapprocher les usines de leurs marchés naturels. C'est la solution idéale pour éviter les émissions de CO_2 liées au transport. Les industriels devraient pouvoir penser de nouveau l'Europe comme un territoire où l'investissement est encore possible et peut se révéler rentable.

Je propose de généraliser l'application de la taxe carbone aux frontières. Nous sommes sur la bonne voie. Depuis le 23 octobre 2023, un nouveau dispositif oblige les entreprises qui importent au sein de l'Union européenne des marchandises à forte intensité carbone comme le fer, l'acier, l'aluminium, le ciment, l'engrais et l'électricité, à payer une taxe sur le CO_2 émis lors de la fabrication. Mais c'est notoirement insuffisant pour changer les pratiques en profondeur puisque la mesure n'est applicable qu'aux matières premières. Les articles de qualité médiocre pourront continuer à entrer sur le sol européen en échappant à la fois au paiement de la taxe carbone et aux contrôles aux frontières. L'élargissement de la loi aux produits manufacturés permettrait aux industriels de réinvestir dans de nouveaux outils de production plus performants ou dans le recyclage.

C'est pourquoi il faut mettre à contribution tous les producteurs d'appareils fabriqués dans de mauvaises conditions, utilisant encore une énergie polluante et qui font voyager impunément leurs objets non conformes à travers la planète. Le gaz à effet de serre ne s'arrête pas à la frontière française. Il est donc inutile d'agir uniquement au niveau national. Car si les nouveaux standards de la fabrication responsable ne s'appliquent pas partout dans le monde, l'effet risque de rester limité. L'Union européenne devrait donc redoubler de vigilance, taxer davantage les importations et proposer un panel d'incitations financières et fiscales afin de pousser les entreprises à produire sur notre sol. Au bout du compte, nous pourrions recréer une filière d'excellence française et européenne, notamment dans l'électroménager.

Mettre en place un compte carbone individuel

L'hyperconsommation a provoqué des actes d'achat superflus, au-delà du nécessaire et du confort de vie auquel tout le monde aspire légitimement. Il ne s'agit pas bien sûr de nous priver de la technologie et des nouveaux services mis à notre disposition au fur et à mesure des progrès de la science. Mais pour aider les consommateurs à devenir des acteurs de la transition écologique et à se concentrer sur l'essentiel, nous devons leur proposer un outil d'évaluation de leur consommation carbone au quotidien.

Cela permettrait une prise conscience salutaire. Je propose d'instaurer pour chacun d'entre nous un compte individuel carbone. Dans ce dispositif, chacun se verrait attribuer une quantité précise de carbone à utiliser sur plusieurs années. La quantité allouée diminuerait plus ou moins rapidement selon l'intensité de sa consommation. Cela fonctionnerait un peu comme un compte bancaire. Les consommateurs qui verraient leur niveau de carbone baisser un peu trop vite à leur goût auront alors tout intérêt à faire des achats utiles et à réparer plutôt qu'à jeter. De quoi pousser à l'autodiscipline.

Dans ce dispositif, tout le monde ne paierait pas de la même façon : ceux qui décideraient de continuer à consommer outrageusement sans se priver ni se préoccuper de la planète devraient davantage contribuer à l'effort collectif. Malgré tout, c'est l'ensemble des citoyens qui mettrait la main à la poche, une fois leurs crédits épuisés. Cette mesure me semble une incitation simple et efficace pour atteindre le but convoité : consommer moins mais mieux. Parallèlement, nous pouvons également imaginer l'instauration d'un bonus-malus à l'achat, inspiré du modèle mis en place pour les ventes automobiles. Grâce à cette mesure qui a connu un grand succès populaire, les constructeurs ont fini par arrêter la production de leurs lignes de voitures les moins écologiques. Ici, les bonus seraient attribués aux consommateurs les plus vertueux tandis que les malus seraient appliqués à ceux qui ne joueraient pas le jeu. On peut toujours choisir de ne pas entretenir ses appareils, de les jeter plutôt que de les réparer, de voyager comme bon nous semble à travers le monde sans calculer son empreinte carbone. Nous sommes en démocratie et la désinvolture n'a jamais été punie par la loi. Mais il faudra alors assumer d'une manière ou d'une autre les conséquences de ses actes.

Les insouciants et le dernier carré de ceux qui ne croient toujours pas à la réalité du changement climatique devront malgré tout participer à l'effort collectif. Par la suite, nous pourrions imaginer de mettre en place une bourse entre particuliers, où les plus économes en carbone pourraient en revendre aux plus dépensiers d'entre nous. Ces propositions sont-elles attentatoires à la liberté ? Je ne le crois pas. Chaque Français pourra continuer à faire ce qu'il veut et utiliser son argent comme bon lui semble. Mais ce n'est pas juste que la société tout entière finance les folies d'un nombre limité d'individus. Le bon équilibre est à trouver. Changer ses habitudes n'est pas aussi difficile que l'on pense : il existe depuis quelques années de nombreuses applications apprenant à consommer mieux, comme Too Good To Go et Yuka dans l'alimentaire ou Clear Fashion dans l'habillement. Les Français sont de plus en plus friands de ces conseils de bon sens prônant l'antigaspillage. Le bilan personnel écologique pourrait même se retrouver sur la feuille d'impôts. L'idée commence à faire son chemin. Reste à trouver le moyen de calculer le nombre exact de tonnes de CO_2 émises par notre mode de vie. Pour être tout à fait honnête, nous ne savons pas encore le mesurer précisément. Cette recherche peut prendre du temps mais, compte tenu des progrès technologiques rapides, je suis optimiste.

Remettre l'Europe au cœur du dispositif

Je ne me fais pas d'illusions. Notre bonne volonté ne suffit pas. Seuls les États ont le pouvoir d'imposer de nouvelles normes. Aujourd'hui, ils devraient taxer tous les produits qui ne sont pas écologiquement responsables. Nous n'en sommes pas là. Les pouvoirs publics commencent tout juste à prendre la mesure des enjeux de la consommation durable. Le défi est également économique : les produits qui disposent d'un bilan carbone satisfaisant sont plus coûteux. Par exemple, le plastique recyclé est beaucoup plus onéreux que le neuf. Si les États n'agissent pas rapidement, en apportant toute l'aide nécessaire aux entreprises à coups de milliards d'euros, les conséquences pourraient être désastreuses. Certains consommateurs continueraient sans scrupule à s'offrir les appareils les moins chers et les moins responsables comme si la planète n'était pas en ébullition.

À un moment donné, les pays européens devront s'engager davantage et se donner tous les moyens pour réussir la transition écologique. Je ne crois pas qu'ils puissent subventionner la totalité des produits durables. En revanche, ils seraient bien inspirés de contraindre les industriels fabriquant des objets consommateurs d'énergie et de CO_2 à contribuer à l'effort national.

L'Europe doit se protéger des importations intempestives de marchandises de mauvaise qualité. Elle doit donner l'exemple. Aujourd'hui, elle semble peser de moins en moins sur la planète en matière d'influence. Nous avons perdu de notre superbe et de notre puissance d'antan. Les habitants du Vieux Continent disposent d'un bon pouvoir d'achat. C'est un marché porteur pour les pays exportateurs. Les industriels rêvent toujours de le conquérir. Nous pourrions en profiter pour promouvoir nos habitudes de consommation à l'ensemble de la planète. L'Union européenne a tous les atouts en main pour prendre le leadership du commerce responsable et entraîner dans son sillage l'écosystème mondial. Bien sûr, elle n'a plus le même poids économique depuis la globalisation. En Espagne, ma génération doit beaucoup à l'UE. Elle nous a permis de sortir de quarante ans de dictature, de rattraper notre retard et de prospérer. Nous devrions défendre ce sentiment d'appartenance à l'Europe et croire en son avenir. Depuis peu, elle semble à nouveau vouloir se donner les moyens de se mesurer à ses concurrents mondiaux américains ou asiatiques. Des acteurs européens commencent à s'imposer dans l'industrie. Nous assistons par exemple à un grand mouvement de concentration dans le domaine de la batterie électrique « *made in Europe* », où les géants européens du secteur se sont associés pour défier la Chine, jusqu'ici leader incontestable du secteur. Le retour des usines de micro-processeurs et des filières de médicaments sur notre territoire permettra également de récupérer notre indépendance et de faire monter de plusieurs crans le niveau d'exigence et de qualité des produits. C'est une vraie opportunité.

Les grands groupes ont également la capacité d'investir massivement partout dans le monde pour développer les énergies propres et organiser le recyclage. Ils peuvent aisément devenir des champions mondiaux. La vraie transformation viendra de leurs initiatives. Ces industriels de l'excellence doivent prendre la relève, lancer des projets d'envergure et s'engager. Ils pourraient avoir un véritable impact grâce à l'union de leurs forces. Nous devons les encourager et nous appuyer sur eux pour diffuser des pratiques vertueuses. Le reste du monde n'aura alors d'autre choix que de s'adapter aux normes européennes. Si tout va bien, ces dernières pourraient devenir des standards planétaires. Mais il faut aller vite afin d'éviter que le commerce ne devienne intégralement (ou presque) numérique et dominé par une poignée d'acteurs ultra-puissants presque tous extraeuropéens.

Conclusion

Une nouvelle page de l'histoire de la consommation

Je suis un optimiste éclairé. Je le sais bien, autour de nous, l'horizon social et économique semble peu favorable. Mais je préfère agir que de me lamenter. L'important est d'avancer pour réussir la transition. Malgré les difficultés et la complexité du chemin à parcourir, nous avons des raisons de nous réjouir. En très peu de temps, l'ensemble de la société a réussi à se mobiliser à travers des actes concrets impliquant la consommation, l'habitation et les transports. Le mouvement est lancé à vive allure. Nous pouvons, avec une bonne dose de volontarisme, l'accélérer encore davantage et modifier profondément nos modes de vie.

Voilà une vingtaine d'années, les premiers signes avant-coureurs du dérèglement climatique s'étaient fait sentir, notamment à travers l'observation du trou dans la couche d'ozone. Nous nous disions que c'était un des premiers effets de notre désinvolture vis-à-vis de la planète et qu'il fallait interdire les aérosols. Nous avons eu raison d'essayer de remédier au problème : aujourd'hui, la couche d'ozone s'est en grande partie régénérée. C'est réconfortant de penser que lorsque l'humanité le veut, elle peut provoquer des miracles, pour peu que le terme soit approprié à un phénomène scientifique.

Cette fois, les défis se révèlent encore plus difficiles à relever puisque nous faisons face à une multitude d'effets négatifs du réchauffement climatique de la planète, entre l'épuisement des ressources en eau, en énergie, en terres rares et la multiplication des déchets. Nous entrons dans une nouvelle ère où les pouvoirs publics, les industriels et les distributeurs doivent conjuguer leurs efforts et accélérer le rythme de la transformation. Cette pression collective incite les pays du monde présents lors des conférences internationales de lutte contre le dérèglement climatique (les COP) à s'interroger et à s'impliquer eux aussi. Ces manifestations entraînent les États les moins avancés sur la route du développement durable. Avec une question clé sur le financement des régions privées de ressources. Les pays riches doivent se montrer solidaires pour embarquer l'ensemble des territoires sur le chemin de la transition écologique et de l'optimisation des ressources. Ces rendez-vous planétaires ont aussi une vertu : donner de nouveaux objectifs à atteindre au niveau mondial, en insufflant de grandes ambitions, même si elles sont parfois déçues par la suite. Elles permettent également de créer de nouveaux cadres législatifs, malgré les compromis inévitables pour trouver un accord. Finalement, nous pouvons affirmer que le monde avance. L'impulsion est donnée.

Aujourd'hui, c'est pour moi une évidence : il est possible de vivre mieux mais autrement en prônant la consommation durable. Je veux écrire un nouveau récit plus joyeux, basé sur l'humain. Je ne pense pas que ce soit une utopie. Nous ne sommes qu'à la genèse de notre vie en commun dans une société plus solidaire et plus collaborative. Nous avons pu l'observer au cours des siècles passés : à chaque fois que le monde a dû basculer, des liens sociaux très forts se sont tissés. C'est un sujet essentiel pour les générations futures. Jusqu'ici, nos vies étaient construites sur des piliers intangibles comme la famille, la communauté, les amis. Typiquement, dans mon pays, l'Espagne, l'Église et la famille constituaient des institutions puissantes qui régissaient notre vie. Ces fondations ne sont plus aussi solides qu'auparavant. Aujourd'hui, j'ai la conviction profonde que la société civile doit prendre le relais. L'entreprise peut, selon moi, jouer un rôle primordial dans la cohésion et l'éducation des Français.

Face à la progression fulgurante du e-commerce, efficace mais impersonnel et peu créateur d'échanges, les magasins physiques permettent de remplacer les liens distendus avec le reste de nos institutions et des organismes publics, eux aussi convertis au tout numérique. Les commerçants traditionnels offrent les conseils et le partage. Pour continuer à faire évoluer le secteur dans le bon sens, nous devons à tout prix pouvoir compter sur ces lieux de rencontre et développer ce que les spécialistes du marketing appellent l'expérience client, source de désir et d'envie.

Je ne suis pas inquiet. Ce type de relations perdurera, c'est certain. Les magasins physiques ne vont pas à l'encontre de notre quête du vivre mieux : contrairement à ce que pensent certains de leurs détracteurs, ils n'encouragent pas – ou plus – une consommation débridée. En tout cas, ce n'est pas ce que je préconise. Nous voulons accompagner les clients afin qu'ils fassent un usage responsable des produits qu'ils achètent. Nos points de rencontre proposent des services de plus en plus nombreux pour guider leurs choix et ils constituent de bons modérateurs dans cette période de transition. Nous devons tous nous unir, sans exception, pour imposer un nouveau mode de vie qui remplacera avantageusement le précédent. C'est une opportunité historique. Il ne faut pas la rater.

Je revendique haut et fort ma volonté de faire un pari gagnant sur l'avenir. Je mets aussi en garde mes compatriotes contre une sorte d'aquoibonisme qui pourrait annihiler notre volonté d'agir et nous priver de toutes les belles occasions qui nous sont offertes. Je préfère regarder en face les difficultés et surmonter les obstacles, encore nombreux, sur le chemin de la consommation durable. Bien sûr, nous ne pouvons pas non plus afficher une confiance aveugle et espérer un futur radieux ripoliné. Mais nous devons avoir la foi et croire en notre pouvoir de changer les choses : cette attitude positive nous permettrait d'être plus mobiles et de renverser les situations bancales, voire désespérées. Ce n'est pas parce que nous évoluons dans un univers en fusion et extrêmement compliqué qu'il faut cesser de lutter. Au contraire, c'est parce que les problèmes se posent avec beaucoup plus d'acuité que nous devons redoubler d'énergie. Je ne crois pas à la fatalité. Il y a selon moi toujours quelque chose à faire même si tout semble perdu et irréversible. Je le dis et je le répète : rien n'est impossible.

Nous abordons une nouvelle étape de notre vie et de notre consommation en prise avec un contexte géopolitique explosif et un monde sous tension et désuni. Pourtant, je pense que nous pouvons aligner les planètes autour d'un objectif commun. Les Européens peuvent jouer un rôle décisif dans ce grand bouleversement. Mais nous n'y arriverons pas seuls : l'ensemble des pays du monde seront contraints de participer activement à l'avènement d'une nouvelle ère. Ils seront appelés à réaliser des investissements massifs dans les technologies de pointe. Les modes de vie des citoyens de la planète vont évoluer. Nous devons les aider à consommer moins d'énergie, à recycler les produits et à vivre autrement. La société doit peser de tout son poids pour que les entreprises s'embarquent sans hésitation ni faux-semblants dans la transition écologique. Elles trouveront des modèles socialement responsables, intégratifs et acceptables par tous. Les consommateurs seront forcément le moteur de la transformation. Eux seuls peuvent influencer durablement l'ensemble de la chaîne. Les citoyens du monde doivent prendre des engagements qui obligent tout le monde.

Au fond, nous partageons les mêmes valeurs. Nous devons avancer de concert. Je suis convaincu que nous sommes bien partis. Ce n'est que le début d'une longue et belle histoire. Notre génération a le devoir de l'écrire.

Annexes

Le marché de la culture, nouvelles pratiques culturelles et contribution de Fnac-Darty à sa démocratisation

La culture occupe une place croissante dans la vie des Français depuis l'après-guerre. Une réalité qui n'est pas sans cacher certaines disparités selon les catégories socioprofessionnelles, et une évolution même des pratiques culturelles, plus marquées encore depuis ces dernières années.

La crise sanitaire a de son côté provoqué des changements d'habitudes dont les effets se font encore sentir avec la chute de la fréquentation des lieux culturels et l'essor de la consommation culturelle via les plateformes en ligne. Ainsi, 44 % de Français déclarent avoir l'habitude d'utiliser des moyens numériques pour accéder aux contenus culturels (films, expos, concerts...). Le développement des usages culturels numériques (plateformes de streaming musical et de vidéos en ligne, réseaux sociaux, jeux vidéo, etc.) au sein de la population française redéfinit profondément le paysage culturel des générations les plus jeunes pour lesquelles ces usages numériques sont devenus majoritaires dans leur quotidien[1]. De récents changements ne sont pas sans avoir des conséquences sur les différents marchés.

Pour ce qui concerne le marché de l'édition, celui-ci est « resté dynamique dans un contexte d'arbitrage des dépenses de loisirs. Ainsi, les Français ont acheté 351 millions de livres imprimés neufs en 2023 (- 4 %), générant un chiffre d'affaires de 4,3 milliards d'euros (+ 1 %). Parmi les faits marquants, l'explosion du phénomène romance, l'impact toujours fort des ventes de bandes dessinées/mangas malgré le léger essoufflement de ce dernier et une belle performance de la rentrée littéraire (source : données GfK Market Intelligence) ».

En 2023, le marché mondial des jeux vidéo devrait quant à lui générer des revenus de 187,7 milliards de dollars, soit une croissance de + 2,6 % d'une année sur l'autre, ce qui constitue le deuxième meilleur exercice dans l'histoire du secteur (source : Newzoo, août 2023). En France, le marché du jeu vidéo pesait déjà en 2022 près de 5,5 milliards d'euros en France selon une étude du Syndicat des éditeurs de logiciels de loisirs (Sell), l'un des plus dynamiques en Europe et dans le monde. Sur les 5,5 milliards d'euros, 3,5 milliards concernent la vente de logiciels de jeu et 2 milliards l'achat de PC, consoles et d'accessoires. Dans le détail, l'écosystème

1. « Crise du secteur culturel : l'urgence d'agir », rapporteur Vincent Moisselin, résolution du Conseil économique, social et environnemental sur proposition de la commission éducation, culture et communication, mai 2023.

console représente 46 % du marché, celui du PC gaming 28 % et enfin celui du jeu sur mobile 26 %. Il est devenu le premier marché culturel en France avec près de 39 millions de joueurs de 10 ans et plus, devenant au fil des années une véritable passion française. S'il est adoré des plus jeunes (93,1 % des 10-17 ans sont joueurs), le jeu vidéo est loin de leur être réservé et s'adresse à un public de plus en plus large : les adultes (18-80 ans) constituant 86 % de l'ensemble des joueurs. De leur côté, les femmes étaient 49 % à se déclarer joueuses en 2022.

Le marché français de la musique se porte bien avec un chiffre d'affaires estimé à 569 millions d'euros en 2022, en hausse de 6,4 % entre 2021 et 2022. Presque 75 % des ventes en 2022 ont été réalisées numériquement, contre 25 % en 2012. La SNEP compte 24,6 millions d'utilisateurs de services de streaming, soit quatre Français sur dix, confirmant l'importance du numérique sur le marché de la musique en France.

Au-delà du marché, plus des trois quarts de la population française considèrent que la musique occupe une place importante dans leur vie, ce chiffre passant même à 90 % pour les moins de 25 ans. Concernant leur consommation de ce produit culturel, Les Français écoutent de la musique en moyenne 2 h 11 par jour, les plus jeunes en écoutant 1 h 05 de plus que les plus âgés. Le principal support d'écoute de musique enregistrée reste la radio, suivie par les plateformes de streaming. Près des trois quarts des Français écoutent néanmoins de la musique en ligne au moins une fois par mois, les plateformes de streaming vidéo étant celles utilisées par le plus grand nombre. Pour les plus jeunes, la découverte de nouvelle musique se fait même surtout par le streaming et les réseaux sociaux. Quant aux jeux vidéo, ils occupent ici une place non négligeable. Autre point intéressant : parmi les Français écoutant de la musique, trois sur dix déclarent avoir assisté à au moins un festival au cours des douze derniers mois : des profils beaucoup plus mélomanes que la moyenne des Français, mais aussi plus jeunes, plus diplômés, et plus actifs (Ipsos pour le CNM, « Le baromètre des usages de la musique en France », 2023).

Dans ce contexte de profondes transformations des usages médiatiques et des pratiques culturelles, Fnac-Darty poursuit son engagement culturel au service des Français et des artistes, tout en s'adaptant à cette nouvelle donne avec une véritable dimension populaire, qui a toujours fait sa force.

Chaque année, de nombreux événements sont ainsi organisés dans les magasins Fnac du groupe partout en France, consacrant cette enseigne parmi les préférées des Français, comme un acteur culturel majeur de proximité avec des événements variés mêlant rencontres, conférences, dédicaces, masterclass, concerts, lecture musicale, ateliers, etc.

Aux côtés de ces événements habituels, la Fnac poursuit le développement de formats originaux et sur mesure « hors les murs » : des temps forts exclusifs proposés dans des lieux emblématiques partout en France. Au-delà des événements, cet engagement culturel est incarné au quotidien par les libraires et les disquaires de la Fnac. Les valeurs d'expertise, d'innovation et de passion qui les animent en font des prescripteurs de référence pour ses clients.

Premier libraire de France, la Fnac occupe une place majeure dans l'écosystème du livre. Un statut qui lui permet d'être à l'affût de nouvelles tendances et de se tenir aux côtés des maisons d'édition et des écrivains depuis tant d'années. Plusieurs rendez-vous, à son initiative, rythment ainsi l'actualité littéraire avec le prix du Roman Fnac, le prix Goncourt des lycéens ou bien encore le prix BD Fnac-France Inter.

Parmi les nombreux événements organisés par la Fnac, certains sont devenus au fil du temps des références, à l'image du festival Fnac Live Paris. Un rendez-vous musical populaire et ouvert à tous mettant en avant le meilleur des musiques actuelles durant deux jours de concerts gratuits, sur le parvis de l'Hôtel de Ville de Paris et dans ses salons.

Aux côtés des photographes et des acteurs de la photographie depuis sa création, la Fnac renforce enfin son lien avec celles et ceux qui la font rayonner et favorisent sa diffusion à travers des initiatives comme son soutien au programme Jeunes Talents du festival Planches Contact de Deauville et via une dotation spéciale pour le prix Nadar, qui vient récompenser l'originalité d'un ouvrage de photographies français.

Enfin, pour s'adapter aux bouleversements induits par les outils numériques notamment dans le domaine culturel, Fnac-Darty a lancé en 2021 son site de prescription eclaireurfnac.com avec une vocation : décrypter les actualités culturelles, technologiques, et les enjeux sociétaux de ses univers, pour guider les internautes vers un choix « plus éclairé ». Grâce à la complémentarité et l'expertise des équipes expertes éditoriales du groupe, L'Éclaireur Fnac a rassemblé plusieurs millions de visiteurs uniques en 2023.

Top 10 meilleures ventes 2023 – GfK 2023

	Titre	Auteur	Éditeur
1	ASTÉRIX. VOL. 40. L'IRIS BLANC	FABCARO	ALBERT RENÉ
2	GASTON. VOL. 22. LE RETOUR DE LAGAFFE	DELAF	DUPUIS
3	VEILLER SUR ELLE	ANDRÉA, JEAN-BAPTISTE	L'ICONOCLASTE
4	JAMAIS PLUS	HOOVER, COLLEEN	HUGO POCHE
5	KILOMÈTRE ZÉRO : LE CHEMIN DU BONHEUR	ANKAOUA, MAUD	J'AI LU
6	TANT QUE LE CAFÉ EST ENCORE CHAUD	KAWAGUCHI, TOSHIKAZU	LE LIVRE DE POCHE
7	SUR LA DALLE	VARGAS, FRED	FLAMMARION
8	IL NOUS RESTERA ÇA	GRIMALDI, VIRGINIE	LE LIVRE DE POCHE
9	LES DOULEURS FANTÔMES	DA COSTA, MÉLISSA	LE LIVRE DE POCHE
10	LES ANNÉES GLORIEUSES. LE GRAND MONDE	LEMAÎTRE, PIERRE	

Source : GfK, ventes de livres neufs en France

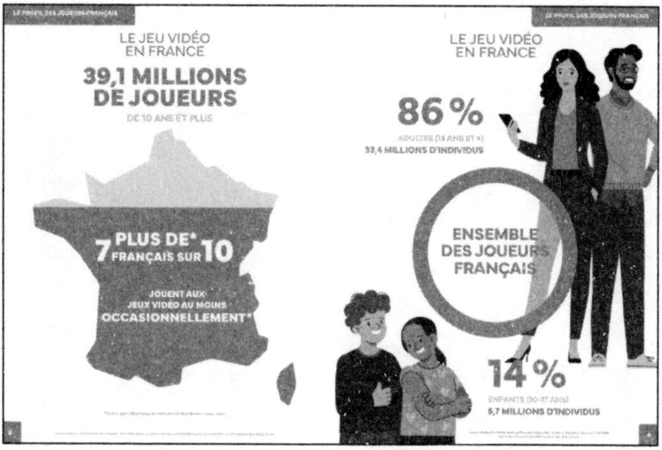

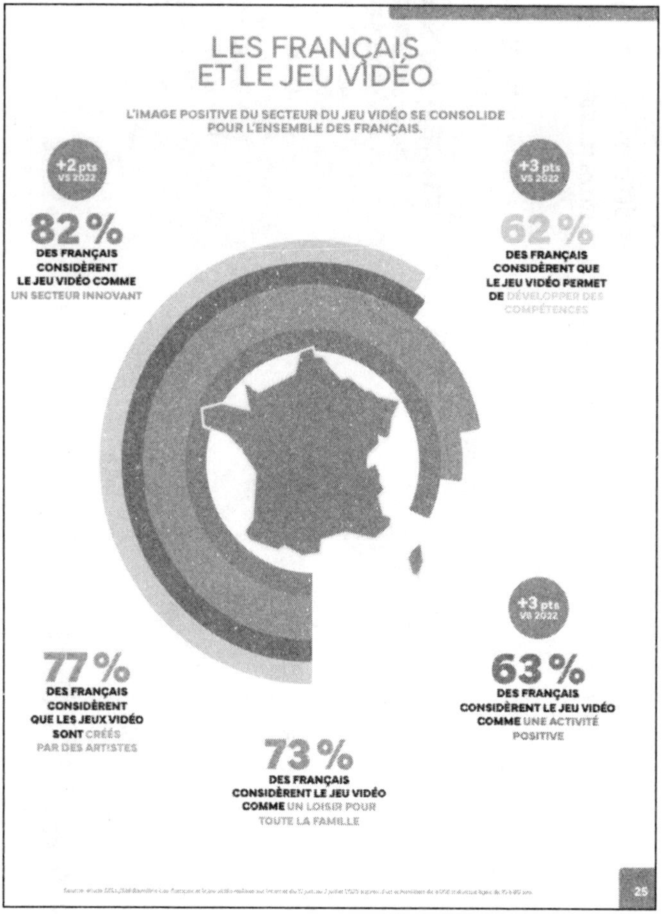

Source : Sell 2023.

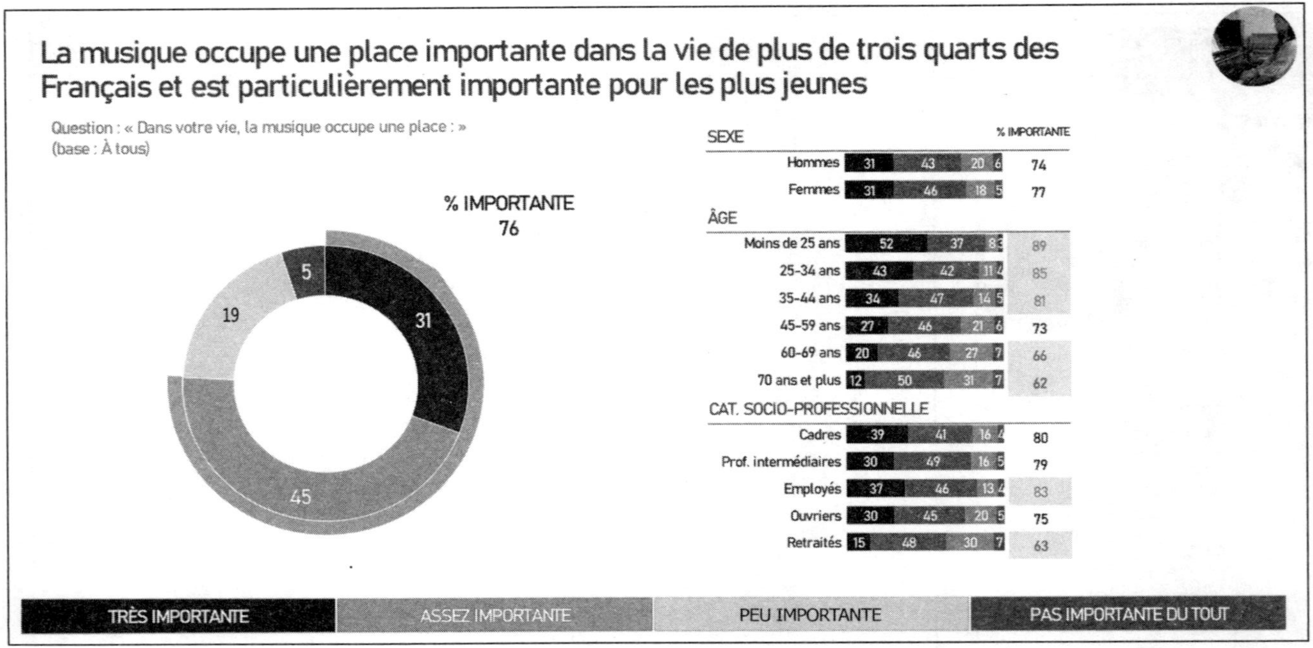

Ipsos pour le CNM, « Le baromètre des usages de la musique en France », 2023.

Le Labo Fnac et ses experts

Unique au monde depuis sa création en 1972, le Labo Fnac est au service d'une information impartiale sur les performances réelles des produits électroniques référencés par l'enseigne. À une époque de défiance face au discours des marques, la transparence du Labo Fnac et l'indépendance de ses experts s'inscrivent aujourd'hui encore comme un pôle de réassurance pour les consommateurs.

Tests et mesures : la clé de la transparence

Le Labo Fnac évalue une gamme de produits variée, des smartphones aux ordinateurs en passant par les enceintes et les téléviseurs et dernièrement les trottinettes et gyroroues grâce à la création d'un nouveau banc d'essai dédié à la mobilité urbaine. En 2023, les experts du Labo ont testé cinq cent trente et un nouveaux produits.

Basé à Massy en région parisienne, le Labo dispose d'une équipe autonome et d'installations modernes réparties sur trois étages. Pour maintenir une totale indépendance dans le développement de ses protocoles de test et le choix de ses outils, il utilise des systèmes de mesure parmi les plus précis au monde, rigoureusement contrôlés et garantis sans lien avec les marques évaluées.

Le Labo Fnac se distingue par son approche scientifique et objective des tests et mesures. Chaque note découle de calculs et de barèmes élaborés. Elles sont ensuite agrégées et restituées sous la forme d'étoiles évaluant les produits sur des critères d'usage, sans considération de prix ou de marque.

Éthique du mieux consommer

Son expertise place le Labo Fnac au centre des discussions pour la défense des consommateurs. Pour le grand public, les résultats des tests sont publiés mensuellement sur le site fnac.com, L'Éclaireur Fnac, et le comparateur dédié lab.fnac.com. Ces informations objectives fournissent aux consommateurs une vision claire et des points de comparaison sur les performances réelles des produits. Une transparence qui leur permet de prendre des décisions éclairées lors de leurs achats.

L'expérience cumulée par le Labo lui permet d'apporter une expertise technique à des réflexions publiques. Fnac Darty a par exemple participé pendant deux ans aux travaux de plusieurs groupes de travail mis en place par le ministère de la Transition écologique et solidaire et regroupant diverses associations, telles HOP, Les Amis de la Terre, des associations de consommateurs, des fabricants et des acteurs de la réparation. La méthodologie mise au point par le Labo a contribué à la construction du nouvel indice de réparabilité imposé aux constructeurs depuis le début de l'année 2021.

La figure de l'expert, incarnation de la marque

Les experts du Labo, reconnus pour leurs avis étayés scientifiquement, interviennent régulièrement dans les médias pour des échanges autour des nouvelles technologies. Des personnages imaginaires représentant les experts du Labo, symboles du décryptage de l'innovation grand public, étaient au centre d'une campagne de publicité Fnac à l'hiver 2023.

Le groupe offre également un accès privilégié à ses experts par le biais de l'abonnement Fnac Vie Digitale. Ce service d'assistance à la vie numérique sous tous ses aspects propose à ses souscripteurs un rendez-vous conseil personnalisé avec les experts du Labo Fnac.

Le Labo Fnac, c'est plus qu'un laboratoire de tests ; c'est un garant de transparence, d'indépendance et d'engagement envers les consommateurs. Avec cinquante ans d'histoire, il continue d'être le repère des passionnés exigeants et informés.

Nature & Découvertes

L'acquisition de Nature & Découvertes en 2019 représente la plus importante opération de croissance externe depuis le rapprochement entre Fnac et Darty. Nature & Découvertes s'intègre au sein du groupe en partageant une vision commune pour un choix éclairé et une consommation durable.

Écologie et bien-être

Depuis ses débuts en 1990, Nature & Découvertes incarne un concept commercial novateur, fusionnant éducation à l'écologie, amour de la nature, voyages et bien-être. Ce projet, inspiré par la vision californienne de son créateur, François Lemarchand, a trouvé un écho significatif au sein du groupe Fnac-Darty depuis son acquisition en août 2019. L'enseigne, siégeant désormais dans un bâtiment éco-conçu à Versailles, se démarque par son engagement pour une consommation éthique et écologique. Avec quatre-vingt-neuf magasins intégrés et seize franchises et neuf Shop-in-Shop (en magasins Fnac) à fin 2023, Nature & Découvertes s'impose comme le leader de la distribution omnicanale de produits naturels et de bien-être.

L'entreprise s'est fixé comme raison d'être de « choisir des solutions concrètes pour accompagner au quotidien la transition vers des modes de vie durables et engagés pour la biodiversité ». Cette mission, inscrite dans les statuts de l'entreprise depuis octobre 2022, s'incarne dans le choix de produits et d'expériences durables et tournés vers la nature et la transition écologique : bien-être au naturel, jeux et jouets pour enfants, convivialité et saveurs, voyage et *outdoor* ainsi que librairie.

La Fondation Nature & Découvertes

Depuis sa création en 1994, la Fondation Nature & Découvertes, financée par 10 % des bénéfices nets de l'entreprise et 1 euro par adhésion client au Club Nature & Découvertes, joue un rôle majeur. Cette fondation a pour mission d'initier et concrétiser des projets associatifs de terrain, centrés sur la protection de la biodiversité et l'éducation à la nature. Avec plus de 3 200 projets de protection et d'éducation à la nature pour un montant de 15,4 milliards d'euros, financés pas sa fondation, Nature & Découvertes illustre son engagement profond pour la préservation de l'environnement.

Profondément ancrée dans l'identité de l'entreprise, l'activité de la fondation s'appuie aussi sur l'interne avec les collaborateurs membres des « Réseaux verts ». Ces collaborateurs-ambassadeurs s'engagent dans le développement du tissu associatif local, la pédagogie et l'éducation à la nature, tout en agissant de manière responsable pour réduire les impacts environnementaux de l'entreprise. Environ 10 % des employés de Nature & Découvertes contribuent à ces initiatives à impact positif, déployant ainsi les engagements de l'enseigne sur tout le territoire.

Entreprise B Corp et « entreprise à mission »

Nature & Découvertes, pionnière en matière de responsabilité sociale et environnementale (RSE) est entreprise B Corp dès 2015. En 2022, Nature & Découvertes a souhaité ancrer plus fortement la singularité et l'ADN de l'entreprise dans la durée, en devenant société à mission au sens de la loi Pacte. Dans ce cadre, Nature & Découvertes se donne pour but de poursuivre les objectifs statutaires suivants :

- développer une offre de produits et d'expériences favorisant des modes de vie durables ;
- préserver et promouvoir le lien avec le vivant ;
- fédérer les communautés qui transforment le monde.

Le positionnement de la marque en 2024

Au printemps 2023, Nature & Découvertes a lancé la refonte de sa plateforme de marque pour répondre aux enjeux actuels. Cette évolution vise à imposer Nature & Découvertes comme « la marque cadeau qui a du sens ». La nouvelle signature « Évadons-nous dans le vrai monde » exprime clairement le positionnement expérientiel et apprenant de l'enseigne. En valorisant le tangible, le vivant, et en offrant des alternatives pour des instants de pause réels, Nature & Découvertes continue de se démarquer dans l'univers des marques engagées.

Le contrat de confiance Darty : un engagement inaltérable

La marque Darty a construit sa relation client sur le sens de la promesse tenue. Afin de formaliser son engagement vis-à-vis des consommateurs, Darty va dès 1973 rédiger sa promesse sous la forme des quatorze articles du contrat de confiance : une synthèse claire et concise de ce qui fait la différence de l'enseigne.

Remis au client, engageant en interne aussi bien qu'en externe, le contrat de confiance est le socle commun de la philosophie Darty. Il accompagne l'enseigne, ses collaborateurs et ses clients avec une même efficacité depuis plus de cinquante ans.

Le triptyque prix, choix, service, qu'il revendique depuis sa création, a été complété en 2023 de l'axe « durabilité » qui ancre la promesse dans les enjeux de l'époque.

Moins cher que Darty ?
Ça s'arrose !
DARTY
Darty : électro-ménager, Hi-fi, TV.

Le contrat de confiance en 1973

"CONTRAT DE CONFIANCE" DARTY

"CONTRAT DE CONFIANCE" DARTY

Dans un souci de stricte honnêteté vis-à-vis de notre clientèle, en mon nom et en celui de mes collaborateurs, je soussigné Marcel DARTY, Président-Directeur-Général des Établissements DARTY, m'engage à respecter le contrat suivant :

ARTICLE 1 Je m'engage à vous assurer les prix les plus bas de France.

ARTICLE 2 Je m'engage à vous rembourser la différence si vous trouviez le même article moins cher dans le mois qui suit votre achat.

ARTICLE 3 Je m'engage à vous assurer une double garantie :
1. la garantie du constructeur
2. la garantie DARTY, gratuite et totale pendant 1 an et comprenant pièces, main-d'œuvre et frais de déplacement.

ARTICLE 4 Je m'engage à porter à 4 ans cette garantie totale sur simple souscription d'une « Police de Services Etendus ».

ARTICLE 5 Je m'engage à des dépannages rapides grâce à 250 voitures-laboratoires et voitures-radio ; dépannage le jour même en télévision sur simple appel avant 11 heures, même le dimanche.

ARTICLE 6 Je m'engage à la même rapidité de dépannage après la garantie.

ARTICLE 7 Je m'engage, après la garantie, à respecter le tarif officiel du barème déposé à la Direction des Prix.

ARTICLE 8 Je m'engage à vous livrer rapidement même le dimanche, un matériel de 1er choix, vérifié et contrôlé dans nos ateliers.

ARTICLE 9 Je m'engage à la gratuité :
- de la livraison
- de la mise en service (chauffage mazout excepté).

ARTICLE 10 Je m'engage à vous offrir une information totale par la libre visite de nos magasins sans contrainte ni obligation d'achat.
Tous nos prix sont affichés.

ARTICLE 11 Je m'engage à vous offrir l'assistance de nos vendeurs-techniciens pour vous permettre le meilleur choix en toute tranquillité.

ARTICLE 12 Je m'engage à vous présenter l'exposition la plus complète des plus grandes marques mondiales.

ARTICLE 13 Je m'engage à mettre à votre disposition les formules de crédit les plus favorables et les mieux adaptées à votre cas personnel.

Marcel DARTY,
Président-Directeur-Général
des Etablissements DARTY

Marcel Darty

Notre objectif : 100 % de Clients satisfaits. Cependant, nos services ne sont pas infaillibles. Si vous estimez qu'un point quelconque de ce contrat n'est pas respecté, signalez-le à CONSOMMATEUR-SERVICE, B.P. 410 75 626 PARIS CEDEX 13, qui en avisera immédiatement notre Direction. Satisfaction vous sera donnée.

Nom du client | Le Directeur du magasin | Votre vendeur

N° de la commande

Date

Ce contrat vous est remis avec votre commande. C'est notre engagement ! C'est votre garantie !

Le Contrat de confiance 2023

Le Contrat de Confiance

**Depuis 1957, votre confiance fait partie de nos priorités.
C'est pourquoi l'ensemble des collaborateurs au sein de Darty s'engagent à respecter 15 engagements "PRIX, CHOIX, SERVICES, DURABILITÉ".**

DARTY
C'est parti pour durer

Rendre la qualité accessible grâce à nos PRIX

1. On s'engage à vous proposer une gamme de produits premier prix et fiables dans toutes nos catégories électroménager et multimédia.

2. On s'engage à vous proposer tous les mois plus de 1000 produits en promotion sur le meilleur de la technologie et de l'équipement de la maison.

3. On s'engage à rendre vos projets plus accessibles grâce à nos solutions de financement, nos offres de reprise et notre gamme d'appareils de seconde vie.

4. On s'engage à vous rembourser la différence si vous trouvez moins cher ailleurs, même sur internet[1].

Vous accompagner dans des CHOIX éclairés

5. On s'engage à ne sélectionner que des produits de qualité en évaluant nos fournisseurs et vendeurs marketplace sur la fiabilité, la réparabilité et le niveau de consommation d'énergie de leurs gammes d'appareils.

6. On s'engage à identifier clairement les produits les plus durables de leur catégorie via notre sélection appelée « Choix Durable », constituée grâce aux données exclusives issues des plus de 2 millions de réparations annuelles de nos experts SAV[2].

7. On s'engage à vous proposer un conseil humain et expert, partout : en magasin, lors d'un appel, une visio, sur le chat, nos articles en ligne sur Darty & Vous ou nos réseaux sociaux.

8. On s'engage à faciliter le retour d'un produit vendu par Darty, en vous permettant de le retourner dans l'un de nos 500 magasins en France métropolitaine, dans les 15 jours suivant votre achat en magasin ou sur Darty.com.

Proposer le meilleur de nos SERVICES

9. On s'engage à mettre nos 500 magasins au service de vos achats en ligne, pour vous permettre d'y retirer gratuitement, et en moins d'1h s'ils sont en stock, vos produits achetés sur darty.com ou par téléphone.

10. On s'engage partout en France métropolitaine à livrer et installer vos appareils gros électroménagers et TV de plus de 40" dans la pièce de votre choix, à les mettre en service, à vous donner des conseils d'usage et à récupérer plusieurs de vos anciens appareils[3].

11. On s'engage à rendre la réparation accessible à tous. On se déplace partout en France métropolitaine pour réparer à votre domicile votre gros électroménager et vos TV de plus de 40". On prend en charge dans nos 500 magasins vos appareils petit électroménager et multimédia.

Placer la DURABILITÉ au cœur de nos priorités

12. On s'engage à faire durer vos appareils plutôt que les remplacer par du neuf : en vous accompagnant dans l'entretien et l'autoréparation grâce à nos ressources gratuites telles que la communauté sav.darty.com, le magazine en ligne Darty & Vous ou nos tutos vidéo, et en les réparant pour vous tant que c'est possible, même si vous les avez achetés ailleurs.

13. On s'engage à vous donner le choix d'acheter des produits de seconde vie jusqu'à 30% moins chers que le neuf et toujours avec les services Darty.

14. On s'engage à vous proposer toutes les options de livraison pour recevoir vos achats effectués sur darty.com et on vous donne les clés pour bien choisir en vous indiquant leur impact carbone.

15. On s'engage à venir récupérer vos appareils volumineux usagés à votre domicile, gratuitement et sans contrepartie d'achat. Pour les plus petits, pensez à les ramener en magasin. Ils seront reconditionnés ou recyclés[4].

Enrique Martinez
Directeur Général Fnac Darty

(1) Voir conditions détaillées dans les CGV disponibles sur darty.com, page 3, paragraphe 4.2. (2) Retrouvez les informations détaillées concernant le Choix durable sur www.darty.com/achat/boutique/choix-durable/index.html (3) Voir conditions détaillées dans les CGV disponibles sur darty.com, page 3, paragraphe 3.3. (4) Voir conditions détaillées dans les CGV disponibles sur darty.com, page 10 paragraphe 6.1.

Le marché de l'occasion et de la seconde vie

Le marché de seconde main est en plein essor en France. En 2022, 64 % des Français déclaraient avoir déjà acheté au moins un produit d'occasion et 52 % de ceux qui ne l'avaient jamais fait envisageaient de le faire. L'évolution du marché de la seconde main témoigne d'une transformation majeure des habitudes de consommation des Français, une tendance également observée à l'international. Selon le rapport 2023 de Thredup, les recettes globales du marché, estimées actuellement à un peu moins de 110 milliards de dollars, devraient plus que doubler d'ici à 2027, pour atteindre les 350 milliards de dollars[1].

De son côté, Fnac-Darty a pris le virage de l'occasion en lançant une direction dédiée en 2020. Cette dernière a permis de structurer et de développer massivement une offre seconde vie à part entière associée à la reprise de produits usagés, un investissement dans le prolongement de sa démarche de soutien

1. Bpifrance Le Hub, 2023.

à une économie plus circulaire. Cette activité développe plusieurs canaux de revalorisation : la vente de produits reconditionnés sourcés auprès de partenaires (fournisseurs, acteurs partenaires du reconditionnement), la reprise de produit auprès des consommateurs en proposant des offres de rachat de leur ancien équipement, et le don à des associations. Le groupe propose ainsi une offre seconde vie qui constitue une alternative au neuf avec les mêmes standards de qualité, de confiance et de services qui caractérisent ses marques. Les produits d'occasion bénéficient ainsi d'une garantie de deux ans (un an de plus que l'obligation légale), et des mêmes services de livraison-installation ou de réparation que les produits neufs.

La forte croissance de ces activités au sein de l'enseigne s'est traduite par l'ouverture de deux ateliers dédiés à la seconde vie au sein du groupe. Ces nouveaux espaces de 900 et 2 000 mètres carrés permettent d'augmenter significativement la capacité opérationnelle de la direction, en rapprochant la seconde vie du SAV, pour les produits nécessitant une réparation.

Depuis son lancement, cette activité connaît une forte croissance. En 2022, les produits de deuxième main revendus ont connu une croissance de 34 % par rapport à 2021. En incluant la marketplace, 1,5 million de ces produits ont été vendus en 2022 par Fnac-Darty, avec un chiffre d'affaires dans ce secteur qui enregistre une croissance annuelle entre 30 et 40 % depuis 2021. Sur la marketplace, près d'une vente sur trois est un produit d'occasion, une dynamique portée notamment par les livres.

Le marché de l'électroménager

Le marché des produits électroménagers, aussi appelés produits blancs, se stabilise à 9,7 milliards d'euros en 2022, en léger recul de - 2,1 % en valeur par rapport à 2021, mais en hausse de + 12,3 % par rapport à 2019, dernière année de référence avant le Covid. Au total, cela représente 67,5 millions de produits vendus en France, selon les données GfK Market Intelligence[1].

Il se caractérise par une dynamique d'innovation constante, une forte influence du renouvellement des équipements ménagers, et un équilibre subtil entre les tendances du gros et du petit électroménager.

Gros électroménager

Du côté du gros électroménager, ce sont les réfrigérateurs, machines à laver, lave-vaisselle, sèche-linge, micro-ondes et cuisinières qui

1. Données GfK Market Intelligence citées dans le communiqué de presse Gifam du 14 février 2023.

dominent la catégorie. La tendance du renouvellement de la cuisine équipée et la dynamique du marché immobilier stimulent particulièrement la demande pour les appareils encastrables et intégrables. Avec 15,6 millions d'appareils vendus et 6 milliards d'euros de chiffre d'affaires en 2022, le gros électroménager se stabilise à des niveaux historiques, après une croissance exceptionnelle pendant et en sortie de confinement. L'augmentation des prix reste de même proportion que l'ensemble de l'économie.

Petit électroménager

Le petit électroménager, quant à lui, comprend le segment du traitement du sol, avec les aspirateurs, mais aussi les appareils et les accessoires de cuisine comme les préparateurs culinaires, ou encore l'univers du petit déjeuner avec les cafetières, les expressos, sans oublier le soin du linge avec, entre autres, les fers à repasser, et enfin les produits de beauté et de santé, comme les appareils à coiffer et les rasoirs électriques. L'innovation et la communication jouent un rôle crucial dans la promotion de ces produits.

Avec 51,9 millions de produits vendus en 2022 et un chiffre d'affaires global de 3,7 milliards d'euros[1], les appareils de petit électroménager connaissent une baisse plus importante que le GEM, bien que toujours en hausse par rapport à l'avant-Covid.

1. *Idem.*

Dynamique du marché

Ces dernières années, les fabricants ont fortement fait progresser la durée de conservation des pièces détachées, tout en améliorant la fiabilité des appareils. Les consommateurs sont encouragés à prolonger la durée de vie de leurs appareils en sollicitant les services après-vente. Aussi, cela participe, tout au moins à court terme, à infléchir les volumes de ventes des produits, mais ce phénomène nouveau ne devrait être que provisoire. Les efforts fournis depuis de nombreuses années quant à la réduction notoire de la consommation électrique et hydraulique du gros électroménager, ainsi que la dynamique d'innovation sur le petit électroménager, devraient soutenir les volumes.

Les consommateurs sont également devenus plus attentifs aux services associés aux produits, tels que les garanties, la livraison, et la reprise de matériel, notamment dans le segment du volumineux.

La position de Fnac-Darty

En 2022, les ventes d'électroménager représentaient près de 21 % du chiffre d'affaires consolidé du groupe Fnac-Darty. L'activité de gros électroménager est proposée en France sous la marque Darty et en Belgique sous la marque Vanden Borre. Une sélection de petit électroménager est également proposée dans les magasins Fnac français.

Le groupe propose une gamme de produits multimarques répondant à tous les usages clients avec une attention particulière à leur fiabilité (label « Le choix durable », indice de réparabilité) documentée par son expérience de premier réparateur de France. Aux côtés des produits de grandes marques, Darty commercialise aussi des marques propres et marques sous licence. Cet éventail de marques propres telles que Proline, Temium, IT Works, Okoia, et Aerian, est soumis à des audits d'usines pour garantir l'engagement envers la responsabilité sociale et environnementale.

L'accompagnement des consommateurs dans leur choix est un axe stratégique du groupe. Un programme de formation continue renforcée est proposé par l'académie de formation de l'entreprise qui a dispensé plus de 10 000 formations produits et 6 000 formations services en 2023.

Enfin, une large gamme de services d'accompagnement avant, pendant et après la vente vient compléter l'expérience client. Sur ce dernier point, Fnac-Darty s'engage fortement en faveur de la réparation des produits de la catégorie électroménager avec Darty Max, son service d'abonnement à la réparation qui compte déjà plus d'un million de souscripteurs.

La réparation

Depuis quelques années, la réparation connaît un regain d'intérêt croissant en France. 81 % des Français ont en effet une bonne image du secteur. Ils sont 87 % à considérer que la réparation participe à la préservation de l'environnement et 78 % au dynamisme de l'économie locale avec une grande majorité des Français qui reconnaissent que ses acteurs inspirent confiance (75 %)[1]. Ce retour en grâce de la réparation se traduit par le développement d'initiatives citoyennes, le lancement de services dédiés déployés par des acteurs de la distribution spécialisée et par le soutien des pouvoirs publics à l'initiative de la loi Agec notamment ou bien encore du déploiement de l'indice de réparabilité.

Avec 2,5 millions de produits réparés en France en 2022 et plus de 2 500 techniciens experts dédiés présents dans tous les territoires, Fnac-Darty est le premier réparateur de France et le premier SAV.

---

1. Rapport Ademe-Harris Interactive, en partenariat avec Fnac-Darty, « Les Français et la réparation. Perceptions et pratiques », édition 2019, mars 2020.

Pionnier de l'économie circulaire et engagé de longue date en faveur de l'économie de la réparation, Fnac-Darty joue un rôle majeur en faveur de la consolidation d'une filière digne de ce nom à l'échelle nationale[1]. Pour cela, le groupe recrute et forme chaque année des centaines de professionnels pour accompagner la demande croissante des consommateurs, toujours plus enclins à réparer leurs produits. Dans ce contexte, Fnac-Darty a ouvert son propre centre de formation d'apprentis en 2022, témoin de son investissement pérenne en faveur de la réparation, une activité non délocalisable et pourvoyeuse d'emplois qualifiés partout en France.

Fnac-Darty a également inauguré en 2022 deux nouveaux ateliers entièrement dédiés à la réparation et aux services associés. À Chilly-Mazarin d'abord, avec son centre de référence qui accueille désormais un magasin central de pièces détachées avec près de 40 000 références, un atelier réservé à la formation pratique des futurs techniciens, et un espace « seconde vie » pour les produits reconditionnés.

À Saint-Pierre-des-Corps, près de Tours, le groupe a ouvert les portes d'un site de près de 8 000 mètres carrés, qui assure désormais les réparations et le reconditionnement des produits pour tout le Grand Ouest.

---

1. Au total, le secteur de la réparation en France représente environ 144 000 entreprises, 256 300 emplois (dont 175 300 emplois salariés et 81 000 emplois non salariés) pour un chiffre d'affaires total d'environ 33 milliards d'euros (Ademe, « Panorama de l'offre de réparation en France », actualisation 2022).

En 2023, Fnac-Darty a racheté NSF, PME située dans les Hauts-de-France et spécialisée dans le dépannage du gros électroménager. Le groupe est aussi entré au capital de Repair & Run, start-up spécialisée dans la réparation de vélos et trottinettes électriques. Une vingtaine de corners de réparation sont déjà déployés dans les magasins Fnac et Darty.

En 2023, Fnac-Darty s'est engagé en faveur des Journées nationales de la réparation (JNR), organisées par l'association HOP – Halte à l'obsolescence programmée et Make.org Foundation, avec plus de deux cent cinquante événements organisés au sein de ses magasins et ateliers à travers tout le pays. Au programme : des ateliers découverte et des démonstrations assurées par ses experts ont vu le jour, afin de présenter leur métier et de proposer au grand public des conseils pour prolonger la durée de vie de leurs produits.

Mais c'est avec Darty Max, son service d'abonnement à la réparation pour tous les appareils du foyer lancé en 2019 et qui compte déjà un million d'abonnés, que Fnac-Darty a marqué les esprits. Ce service symbolise non seulement la nouvelle stratégie d'un groupe qui investit massivement sur les services à haute valeur ajoutée pour ses clients, passant d'un modèle de retail transactionnel à un modèle serviciel, mais c'est tout autant son engagement fort et unique sur le marché en faveur de l'allongement de la durée de vie des produits qui est à souligner ici.

Fnac-Darty vise 2 millions d'abonnés à Darty Max à l'horizon 2025 et 2,5 millions d'abonnés.

Le baromètre du SAV

L'essentiel

En 2018, le groupe Fnac-Darty inaugurait le lancement d'un nouvel outil qui allait faire date : son baromètre du SAV.

Publié chaque année en libre accès avec l'ambition d'aider les consommateurs avant l'achat d'un produit, le baromètre du SAV de Fnac-Darty permet de dresser un panorama unique sur la réparabilité et la fiabilité de plus de cent cinquante marques et près de cent familles de produits disponibles. Il est élaboré à partir d'une mine d'informations unique, récoltée sur le terrain par les trois mille réparateurs Fnac-Darty et analysée par le département Durabilité du groupe. Ce baromètre intègre des informations consolidées qui tiennent également compte de témoignages de consommateurs et du comportement de ses abonnés Darty Max, son service d'abonnement à la réparation.

Adossé à un score de durabilité pour chaque catégorie de produit, le baromètre du SAV est devenu un rendez-vous pour l'ensemble des acteurs intéressés et mobilisés en faveur de l'allongement de la durée des produits : industrie, distributeurs, pouvoirs publics et clients.

Enrichi chaque année de nouveaux critères et données (disponibilité et coût des pièces détachées, guide d'entretien…), avec un accroissement du nombre de familles de produits passées au crible, le baromètre du SAV a largement contribué à l'émergence de l'enjeu de la durabilité des produits dans l'opinion et au développement de la réparation en France, une priorité pour Fnac-Darty.

Avec 2,3 millions de produits réparés en 2022, Fnac-Darty est le premier réparateur de France et un pionnier de l'économie circulaire.

Le baromètre du SAV est consultable librement et gratuitement sur le site internet du Labo Fnac.

Les principaux enseignements de la sixième édition du baromètre du SAV

Depuis 2018, date de la première édition du baromètre, le réflexe « réparation » progresse.

Alors que le remplacement d'un appareil en panne reste le principal déclencheur d'achat sur de nombreuses catégories de produits, sa part baisse significativement depuis 2018. La réparation progresse comme alternative au remplacement, ce qui a un effet mesurable sur les motivations d'achat de nos clients.

Bien que la tendance à la réparation se confirme, des freins persistent, et notamment liés au coût de la réparation. Ce baromètre, couplé à une analyse du comportement des abonnés Darty Max, montre que lorsque les freins sont levés, les réparations progressent significativement.

Deux ans après le déploiement de l'indice de réparabilité (IR) et à quelques mois de la mise en place de l'indice de durabilité (ID), le groupe Fnac-Darty a comparé les données de l'indice de réparabilité (IR) à celles de son SAV. Les résultats montrent une disparité en fonction des catégories de produits. : l'IR du gros électroménager correspond davantage aux données du SAV Fnac-Darty que celui des smartphones et les téléviseurs.

Les données sources

Conçu avec Harris Interactive, le baromètre du SAV repose sur trois sources principales : une étude client, une étude des types d'interventions SAV et une étude des pannes.

L'étude client Fnac-Darty a été menée entre juillet 2022 et août 2023 avec 11 318 répondants sur la durée d'usage des produits et des gestes d'entretiens.

L'étude de 402 530 pannes d'août 2022 à juillet 2023 calcule nos indicateurs habituels (score de durabilité, fiabilité, réparabilité).

L'étude des 827 466 interventions SAV d'août 2022 à juillet 2023 détermine les types d'intervention (échange, avec pièce ou sans pièce).

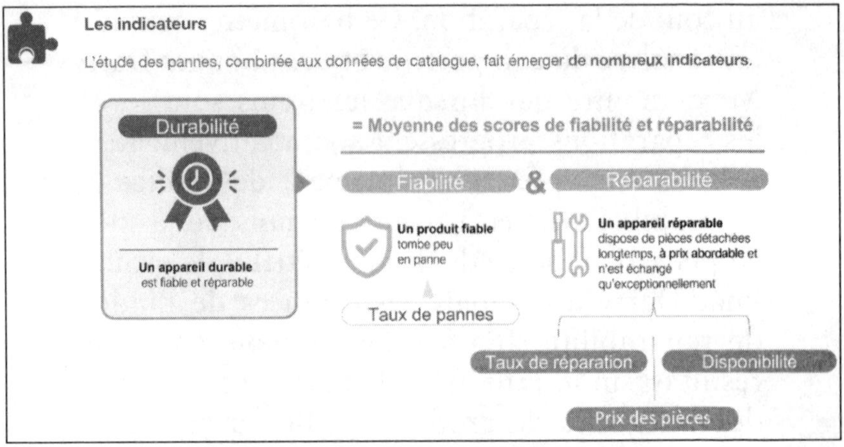

Source : Baromètre du SAV.

Les indicateurs

– Le score de durabilité : c'est la moyenne entre la fiabilité et la réparabilité. Il est compris entre 0 et 200.

– Fiabilité : c'est un score calculé à partir du taux de panne d'un produit. Plus un produit tombe en panne, moins il est fiable. Il est compris entre 0 à 200.

– Taux de panne : c'est le ratio du nombre de pannes sur douze mois glissants sur le nombre de produits sous garantie sur douze mois glissants. Les pannes comprennent les résolutions par un échange technique, un changement de pièce détachée ou un envoi en sous-traitance.

– Réparabilité : c'est une association du taux de réparation, de la disponibilité des pièces détachées et de leur prix. Il est compris entre 0 et 200.

– Taux de réparation : c'est le ratio entre les pannes résolues par un changement de pièce détachée ou en sous-traitance et les pannes résolues par un échange technique, un changement de pièce détachée ou un envoi en sous-traitance.

– Disponibilité des pièces détachées : c'est la durée de disponibilité des pièces détachées annoncée par le fournisseur sur chaque référence. Si le fournisseur ne se prononce pas, on estime cette durée à 0. Dans les calculs de score, cette durée est limitée à quinze ans.

– Bonus Prix des pièces détachées : ce critère s'insère sous forme de bonus-malus compris entre - 5 et + 5. Il se base sur le ratio Prix des pièces.

– Ratio Prix des pièces : c'est le rapport entre le prix moyen d'achat HT des pièces détachées utilisées lors des pannes des douze derniers mois et le prix de vente HT du produit pondéré par les ventes moyennes du produit sur douze derniers mois.

Agrégation et classement

Ces indicateurs sont calculés à plusieurs niveaux.

On calcule les scores des marques au sein des familles de produit pour les comparer.

Pour l'ensemble des indicateurs sauf la disponibilité des pièces détachées, l'indicateur n'est pas une moyenne des indicateurs des références produits de la marque mais directement un calcul de l'indicateur de la marque au sein de la famille de produit. Par exemple, pour le taux de panne de la marque A au sein des aspirateurs, on ne fait pas la moyenne des taux de panne des références produits mais un taux de panne global de la marque A.

Pour la disponibilité des pièces, on choisit la durée affichée le plus fréquemment pour les produits de la marque.

Les marques sont ensuite classées en fonction de leur score de durabilité.

Les indicateurs de la famille de produit et de la catégorie suivent le même procédé que le score des marques, respectivement à l'échelle de la famille ou de la catégorie. Pour la famille des aspirateurs balais, le score de durabilité n'est pas la moyenne des scores de chacune des marques mais un score dérivé du taux de panne et du taux de réparation de la famille au global. Pour la durée de disponibilité des pièces détachées, on prend la moyenne des disponibilités de pièces détachées sur le mois pour avoir une image à date.

Comme pour les autres indicateurs, le ratio entre le prix des pièces détachées et le prix du produit est recalculé pour la famille et la catégorie et n'est pas la simple moyenne des ratios de prix des pièces au niveau de la marque. Par exemple, sur la famille aspirateur balai, le ratio prix des pièces ne sera pas la moyenne des ratios de prix des pièces de chacun des produits, mais la somme du prix moyen de toutes les pièces utilisées l'année précédente pour des interventions sur les aspirateurs balais, divisé par la somme du nombre d'interventions (pour avoir un prix moyen des pièces détachées sur la famille aspirateur balai) qui sera lui-même divisé par le prix moyen sur les douze derniers mois d'un aspirateur balai.

On affiche seulement les marques qui ont été vendues chez Fnac-Darty et qui ont eu un volume de vente significatif par rapport à leur catégorie sur la période de collecte des données du baromètre.

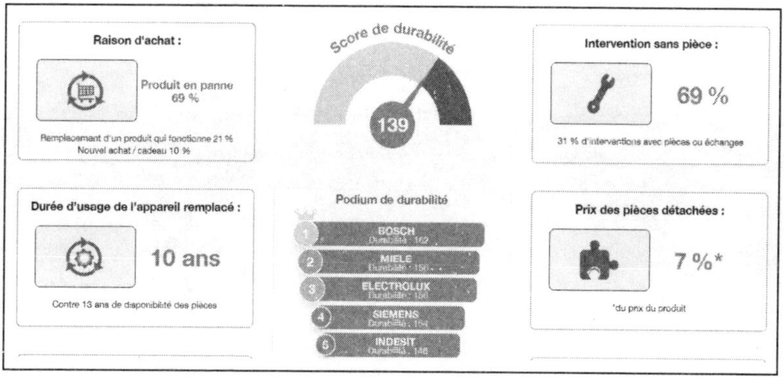

Source : Baromètre du SAV.

Responsabilité sociale

Avec plus de 25 000 collaborateurs dont trois sur quatre au contact des clients, anticiper et accompagner l'évolution rapide des métiers et construire des équipes mixtes sont des enjeux majeurs pour le groupe Fnac-Darty. Dans un contexte de guerre des talents, l'attractivité, la rétention et l'engagement des collaborateurs sont déterminants dans la réussite du projet de l'enseigne et la mise en œuvre de son plan stratégique Everyday.

Diversité, un atout clé

Fnac-Darty démontre un engagement de longue date en faveur de la diversité au sein de ses équipes, en portant ses efforts sur la sensibilisation pour faire évoluer les mentalités, sur la lutte contre les stéréotypes et les préjugés et sur la mise en œuvre d'actions concrètes sur les différentes dimensions de la diversité.

Le groupe a effectué un travail de diagnostic fin 2023 pour mesurer l'impact de ses politiques Diversité et Inclusion et a obtenu un score de 75 sur 100, récompensant à la fois la gouvernance et la capacité à mettre en œuvre des actions très concrètes.

S'attaquer au « plafond de verre », qui freine la mixité professionnelle sur les postes à plus hautes responsabilités, est depuis 2021 un enjeu prioritaire. Le groupe, qui compte 38 % de femmes dans l'effectif, dont 30 % de femmes aux postes de leadership, ambitionne d'atteindre les 35 % dès 2025. La proportion de femmes directrices de magasins est également pilotée. Par ailleurs, le groupe Fnac-Darty est classé 24e sur 120 au Palmarès de la féminisation des instances dirigeantes des entreprises du SBF120. Plusieurs actions en faveur du leadership féminin ont été mises en place dont un programme de mentoring et la création du réseau parité « Ex aequo », qui organise des temps d'échange et d'inspiration, de partage des bonnes pratiques pour les 220 membres inscrits.

Le respect de tous étant une condition indispensable au bien-être de ses salariés, Fnac-Darty a rejoint en 2023 l'initiative nationale #StOpE, auprès des 199 organisations signataires, qui s'engagent à lutter contre le sexisme dit « ordinaire » au travail, et a mis en place des mesures de sensibilisation ainsi qu'un dispositif de sanction. Le groupe est également signataire de la charte LGBT+ et participe au baromètre national LGBT+ afin de contribuer à l'évolution des mentalités.

L'entreprise, qui compte 27 % de séniors en 2022, a mis en place des dispositifs d'accompagnement de la seconde partie de carrière et un accompagnement de la transition vers la retraite. En miroir de ces initiatives, Fnac-Darty déploie également une ambitieuse politique d'alternance avec plus de 1 200 jeunes recrutés.

Fnac-Darty atteint un taux d'emploi légal de salariés en situation de handicap de 7,15 % en 2022. Le groupe gère deux classes d'alternance dédiées aux personnes handicapées, dont des personnes sourdes et malentendantes, afin de les former aux métiers d'hôte et hôtesse de caisse et de magasinier et magasinière. La mission Handicap accompagne les équipes dans leurs démarches, notamment de reconnaissance de leur qualité de « travailleur handicapé » et pilote des plans d'action et des campagnes de sensibilisation.

Garantir l'employabilité

Toujours mieux accompagner et conseiller les clients dans leurs usages et besoins, les aider à faire le bon choix, de manière éclairée et indépendante est un engagement historique du groupe. Permettre ce choix éclairé dépend largement de l'expertise, reconnue, des vendeurs et vendeuses de Fnac-Darty. Le développement de cette expertise a donc été identifié depuis 2020 comme un volet majeur du plan stratégique Everyday. Les plus de 5 000 vendeuses ou vendeurs et plus de 2 500 collaborateurs dédiés aux activités de service après-vente sont régulièrement formés afin de garantir leur expertise. Au total, plus de 90 % de salariés ont bénéficié d'une formation en 2022 et plus de 10 000 formations produits et 6 000 formations services ont été dispensées aux vendeuses et vendeurs en 2023.

S'appuyant sur un modèle d'internalisation de la formation chez Darty, le groupe s'est doté en 2018 d'une académie qui lui a permis de gagner en expertise et en agilité, tout en réduisant les coûts pédagogiques. Elle a obtenu la certification QUALIOPI en novembre 2021.

En 2022, Fnac-Darty est allé plus loin en créant son propre CFA. Avec un objectif : recruter 500 techniciens SAV d'ici à 2025. Ce métier pénurique étant central, pour accompagner le développement rapide de la réparation. 488 techniciens sont passés sur les bancs de la Tech Académie et 220 ont été recrutés en CDI au sein du groupe. La Tech Académie s'inscrit également dans un véritable projet social, avec le recrutement de profils éloignés de l'emploi (demandeurs d'emploi, réfugiés, jeunes en difficulté…). Enfin, elle contribue à favoriser le développement économique des territoires en créant des emplois en CDI dans toutes les régions de France.

Stratégie climat, bilan carbone et sobriété énergétique chez Fnac-Darty

Afin d'inscrire le développement de Fnac-Darty dans les limites planétaires, le groupe s'est engagé dans une trajectoire bas carbone, en définissant des objectifs alignés sur la science. Ces objectifs portent sur ses émissions les plus directes (scopes 1 et 2) et sur ses émissions indirectes (scope 3) et ont été approuvés par la Science Based Target Initiative (SBTi) en 2022. Pour réussir cette transition, le groupe renforce chaque année sa gouvernance climatique et sa gestion des risques et opportunités liées au climat. Fnac-Darty a également initié une analyse des impacts de ses activités sur la biodiversité, prenant en compte les enjeux environnementaux. Enfin, le déploiement de la feuille de route climat s'accélère, dans un double objectif d'atténuation et d'adaptation face au réchauffement climatique.

En 2022, le groupe a déposé trois objectifs alignés sur la science auprès de la Science Based Target Initiative :

– réduire de 50 % les émissions de CO_2 de scope 1 et 2 d'ici 2030 par rapport à 2019 ;

- réduire de 22 % par produit vendu les émissions liées à l'utilisation des produits vendus d'ici à 2030 par rapport à 2019 ;
- obtenir que les fournisseurs représentant 80 % des émissions liées à la fabrication des produits définissent des objectifs alignés sur la science climatique d'ici à 2026.

Le groupe s'appuie ainsi sur une gouvernance robuste pour atteindre cet objectif et aborder stratégiquement les enjeux climatiques. Adressés au sein de plusieurs instances, dont le comité RSE rattaché directement au conseil d'administration, ces enjeux sont analysés et pilotés par un comité climat depuis 2019 avec, depuis 2022, une participation active de la direction commerciale au titre des objectifs SBT liés aux produits vendus.

Le comité climat veille à suivre la trajectoire des émissions de CO_2 générées par les activités du groupe, élabore des plans d'action assure le suivi des feuilles de route des différentes filières opérationnelles, et enfin, œuvre pour l'extension de la stratégie bas carbone à d'autres postes d'émissions indirectes.

Cette gestion intégrée des enjeux climatiques a été saluée par le CDP (ex-Carbon Disclosure Project) : en 2022, sur la base des données 2021, le groupe a maintenu sa note de A -. Avec une note au-dessus de la moyenne des entreprises européennes (B) et de la moyenne du secteur de la distribution spécialisée (C), Fnac-Darty est classé pour la deuxième année consécutive dans la catégorie « Leadership ».

Fnac-Darty déploie en parallèle depuis plusieurs années de multiples actions permettant de réduire ses consommations d'énergie. Dans le prolongement de son plan de sobriété déployé depuis fin 2022, le groupe fixe depuis 2023 ses ambitions avec la formalisation d'une politique énergétique à part entière.

Cette politique s'inscrit dans une démarche de management de l'énergie qui a pour principe l'amélioration continue. Déployée conformément aux exigences de la norme ISO 50001[1] (certification internationale), cette démarche de management de l'énergie contribuera à l'atteinte des objectifs fixés par le groupe :

- réduire d'au moins 15 % la consommation d'électricité d'ici à 2024 par rapport à 2022 ;
- réduire de 50 % les émissions de CO_2 liées à l'énergie et aux transports d'ici à 2030 (par rapport à 2019)[2].

Un plan d'action ambitieux est ainsi progressivement déployé. Il repose sur :

- l'investissement massif dans l'éclairage LED et les outils de pilotage de l'énergie (GTB : gestion technique du bâtiment) ;
- l'instauration de nouvelles consignes relatives aux températures et à l'éclairage.
- la sensibilisation et l'animation renforcée des équipes via un réseau de référents en magasins ;

1. Le périmètre de certification visé par l'ISO 50001 concerne les magasins intégrés Fnac et Darty France.

2. Périmètre France.

– le pilotage continu de la performance énergétique du groupe grâce à la création d'une équipe dédiée au siège.

Ces engagements visent l'atteinte des objectifs du groupe en matière de réduction de sa consommation d'énergie, tout en diminuant ses coûts et son exposition aux fluctuations des prix du marché de l'énergie.

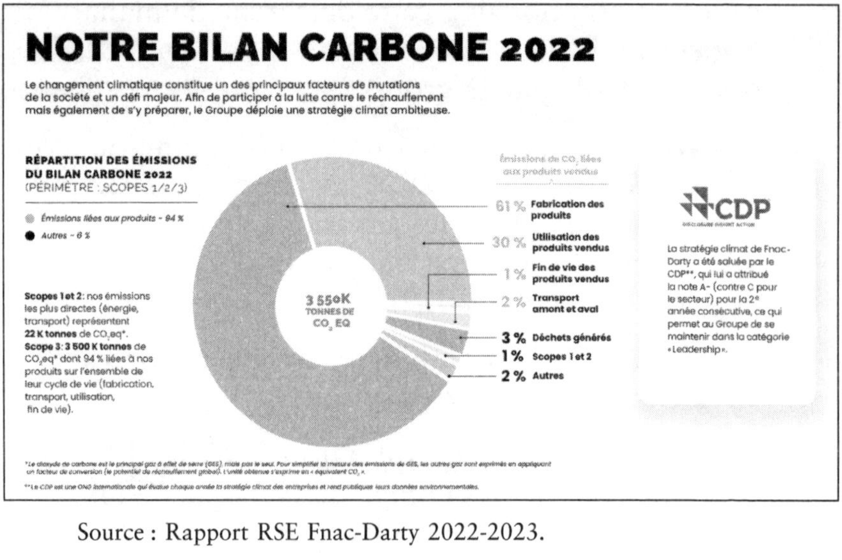

Source : Rapport RSE Fnac-Darty 2022-2023.

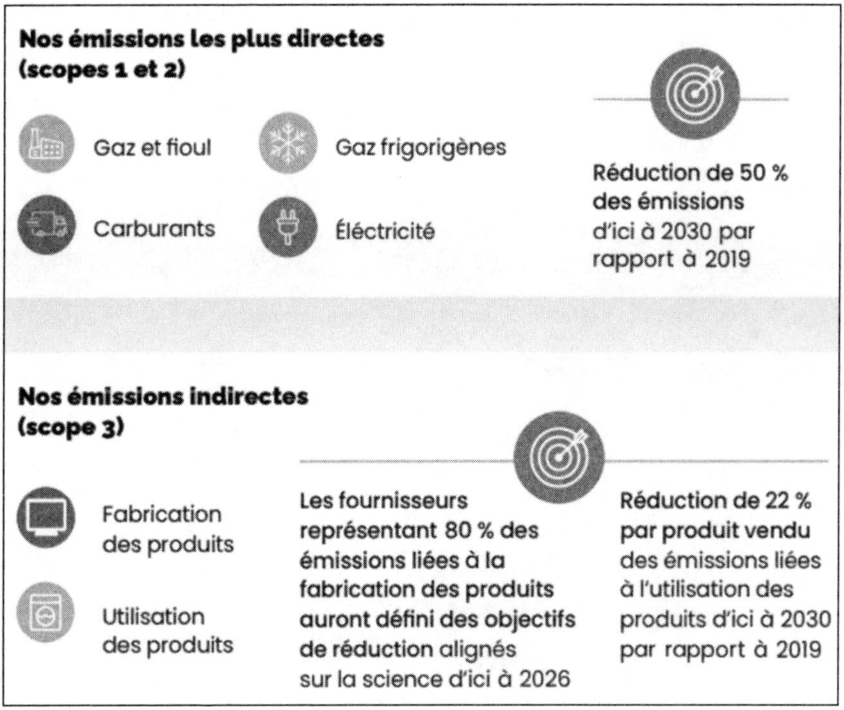

Source : Rapport RSE Fnac-Darty 2022-2023.

Table

Composition et mise en pages
Nord Compo à Villeneuve-d'Ascq

Achevé d'imprimer en mars 2024
sur les presses de Normandie Roto Impression s.a.s.
61250 Lonrai
N° d'impression : 2400950

Imprimé en France